CAMINHOS DA ESQUERDA

RUY FAUSTO

Caminhos da esquerda

Elementos para uma reconstrução

3ª reimpressão

Companhia Das Letras

Copyright © 2017 by Ruy Fausto

Grafia atualizada segundo o Acordo Ortográfico da Língua Portuguesa de 1990, que entrou em vigor no Brasil em 2009.

Capa
Thiago Lacaz

Preparação
Julia Passos

Revisão
Clara Diament
Fernando Nuno

Dados Internacionais de Catalogação na Publicação (CIP)
(Câmara Brasileira do Livro, SP, Brasil)

Fausto, Ruy
    Caminhos da esquerda: Elementos para uma reconstrução /
Ruy Fausto. — 1ª ed. — São Paulo : Companhia das Letras, 2017.

    ISBN 978-85-359-2931-7

    1. Sistemas políticos, Esquerda, Direita, Reconstrução 2.
Brasil – Política e governo 3. Democracia – Brasil 4. Direita e esquerda (ciência política) 5. Socialismo – Brasil I. Título.

17-04038   CDD-324.1

Índice para catálogo sistemático:
1. Reconstrução da esquerda: Ciências políticas   324.1

[2020]
Todos os direitos desta edição reservados à
EDITORA SCHWARCZ S.A.
Rua Bandeira Paulista, 702, cj. 32
04532-002 — São Paulo — SP
Telefone: (11) 3707-3500
www.companhiadasletras.com.br
www.blogdacompanhia.com.br
facebook.com/companhiadasletras
instagram.com/companhiadasletras
twitter.com/cialetras

Sumário

Prefácio 7

Introdução 10
1. As patologias da esquerda 15
2. A direita no ataque 46
3. Crise das patologias e crise da esquerda 61
4. Reconstruir a esquerda: projetos e programas 80
5. Reconstruir a esquerda: razões e fundamentos 94
Conclusão — Voltando ao tempo histórico brasileiro 117

Apêndice I — Resposta a um economista liberal e a alguns outros
  críticos 120
Apêndice II — Segunda resposta ao economista liberal 155
Notas 185

Prefácio

O presente livro tem como base a versão original de um texto que publiquei no número 121 da revista *piauí*, em outubro de 2016, sob o título "Reconstruir a esquerda". O artigo, que no trabalho de copidesque contou com a ajuda dos editores Fernando de Barros e Silva e Rafael Cariello, representava mais ou menos um terço da versão original. É esta última que, corrigida e amplamente reescrita, veio a constituir o corpo desta obra.

De outubro de 2016 a fevereiro de 2017, algumas coisas, boas ou ruins, aconteceram no Brasil e no mundo. No Brasil, houve a prisão de vários políticos, a começar por Eduardo Cunha, no quadro da operação Lava-Jato, e a aprovação da proposta de emenda constitucional que congela os gastos do Estado, corrigidos pela inflação, por vinte anos. A surpreendente vitória do populista de direita Donald Trump nas eleições presidenciais americanas em novembro foi, infelizmente, a novidade mais importante no plano internacional. Na medida do possível, tentei incorporar ao texto algumas referências a esses eventos.

O artigo da *piauí* que resumia a versão original deste livro foi objeto de debate em jornais e revistas. Alguns eram globalmente favoráveis; outros, não. Esforcei-me por responder em notas a uma das publicações deste último grupo e decidi incluir como apêndice as respostas a outros comentários, favoráveis ou não, principalmente ao texto crítico do economista liberal Samuel Pessôa.[1]

A vitória de Trump confirma o que já era evidente: há uma verdadeira ofensiva, não apenas — ou principalmente — da direita, mas também da extrema direita. O populista eleito vai na mesma direção de Viktor Orbán na Hungria, do governo polonês, dos partidos de extrema direita na Áustria, na Holanda e na França, para citar alguns. Até agora Trump simpatiza com Putin, que, por sua vez — e apesar das diferenças —, tem afinidade com o governo chinês. Enfim, se não houver novas peripécias (tudo pode acontecer sob a batuta de Trump), corremos o risco de ver constituído um verdadeiro bloco de governos de extrema direita. Governos nacionalistas e chauvinistas, autoritários, com um programa econômico que combina políticas neoliberais e alguma medida de caráter mais ou menos "populista" por parte do Estado.

No Brasil, o governo Temer continua a sua trajetória. Ou, antes, mostra cada vez mais a sua cara: a proposta de emenda constitucional que congela os gastos do Estado por vinte anos é o produto mais violento e mais antipovo desse governo ilegítimo.

Diante dessa situação, a esquerda deve mais do que nunca buscar os caminhos da unidade. Isso vale tanto para o Brasil como para a Europa e os Estados Unidos. Mas a união das esquerdas não é incompatível com a discussão interna. Eu diria, inclusive, o contrário. A união só poderá vir com base numa discussão profunda dos problemas no interior da esquerda.

Assim, o quadro em que se inseria o meu projeto, indicado na publicação de outubro, vale a fortiori para este livro, concluído no final de fevereiro de 2017. Na primeira publicação, eu me referi à ofensiva da direita no Brasil e no mundo. Hoje, essa ofensiva tomou um caráter muito mais grave com a ascensão à presidência da primeira potência mundial de um personagem ultraconservador, demagógico, sexista, e cuja principal preocupação era desmontar os modestos dispositivos de cobertura social de que dispõem os Estados Unidos graças a alguns governos, incluindo o de Barack Obama. Porém, o primeiro mês do governo Trump mostra que ele visa a muito mais do que isso, pondo em prática um projeto arquirreacionário. Trump está refundindo toda a política interna e externa dos Estados Unidos, no sentido de um paleoconservadorismo cujos limites não conhecemos. Ele nomeou os piores demagogos de extrema direita para os cargos mais importantes para a condução da política externa americana; nas agências encarregadas da política do meio ambiente, colocou personagens que professam um ceticismo anticientífico criminoso em matéria de ecologia; começou, como prometera, a construção de um muro na fronteira com o México; e impediu arbitrariamente a entrada dos cidadãos de uma meia dúzia de países do Oriente Médio, mesmo com visto permanente no país. Sob Trump, a tarefa de repensar o destino da esquerda ganhou ainda mais urgência. É nessas condições que lanço este livro.

Agradeço a Arthur Hussne Bernardo, Cícero Araújo, Fernando Rugitsky, Laura Carvalho, Leonardo da Hora Pereira e Luisa Lobo Fausto pelas observações críticas da maior importância que fizeram às primeiras versões deste livro ou ao artigo que o resumia — ou a ambos. Agradeço também a Fernando de Barros e Silva e a Rafael Cariello pela ajuda no copidesque do artigo e da versão reduzida do apêndice, publicado pela *piauí* no número 125 de fevereiro de 2017, trabalho esse que, em parte, foi incorporado à redação deste volume. A todos, muito obrigado, mas sem responsabilidade, em particular no que este livro tem de polêmico.

Introdução

Assistimos atualmente a uma formidável ofensiva da direita no Brasil e no mundo. Suas raízes são políticas e econômicas. No Brasil, a ofensiva assume características próprias. Ela se insere no processo que levou ao impeachment da presidente da República, processo esse que ainda a alimenta. No plano mundial, embora se deva dizer que a esquerda está na defensiva — tanto mais depois da eleição de Trump —, há que registrar, entretanto, manifestações de resistência que estouram nos últimos anos por toda parte, e que têm tido certo sucesso: mobilizações, formação de novos partidos, participação importante em campanhas eleitorais, publicação de textos teóricos, atividade jornalística. No Brasil, claro que há resistência, e, em parte, do mesmo tipo. Porém, ela é certamente insuficiente. Para usar uma imagem, a atual situação em que se encontra a esquerda brasileira parece com um homem perdido na floresta. Impõe-se um trabalho de reconstrução teórica e prática. Se essa exigência se apresenta por toda parte, no caso do Brasil ela é absolutamente urgente. Este livro pretende ser uma contribuição a esse trabalho crítico.

Como proceder? Deixo claro, desde o início, que evitarei uma postura teoricamente hiper-radical, que, sob pretexto de começar tudo de novo, acaba obliterando pontos de discussão importantes como os que versam sobre as maneiras de a esquerda chegar ao poder e como deve governar. Quanto aos caminhos mais precisos da investigação, abrem-se aqui múltiplas possibilidades. O procedimento pode ser mais positivo (propor projetos para partidos, ou de governo) ou mais negativo (retomar a crítica). Politicamente, pode ser mais ou menos radical (no velho jargão, ser mais revolucionário ou mais reformista). Pode privilegiar esse ou aquele domínio do discurso ou do saber, mover-se mais no plano filosófico, econômico ou político. Também pode variar a sua atitude em relação à conjuntura, ou, de forma mais geral, ao seu modo de inserção na história: isto é, pode se conectar muito estreitamente com o momento histórico imediato ou se construir sobre o fundo de uma duração histórica mais vasta ou menos definida. Por fim, pode se preocupar mais com a situação da esquerda nacional ou, pelo contrário, pensar no estado atual da esquerda no mundo.

A minha perspectiva é eminentemente crítica, embora ela se prolongue num desenvolvimento programático. Acho que é bom privilegiar a crítica dos erros e das ilusões, porque, mais do que pela indefinição dos seus objetivos, a esquerda continua pagando um preço muito alto pelas figuras aberrantes que se apresentaram como suas encarnações. Na realidade, desde há mais ou menos um século a esquerda foi acometida por certas doenças que não chegaram a matá-la, mas das quais ela ainda não está plenamente curada. Apesar de tudo o que já se escreveu sobre essas formas aberrantes, há que se voltar a elas de forma sistemática. Sem esse trabalho, não sairemos dos impasses atuais, por mais que ela possa encontrar uma saída imediata — mas sempre instável — para essa ou aquela situação.

Ocupar-me-ei, em primeira instância, do Brasil, mas estas páginas têm também a pretensão de dizer alguma coisa sobre os problemas da esquerda mundial. É evidente desde já a impossibilidade de desenvolver uma crítica da esquerda nacional sem discutir a situação da esquerda no mundo. Privilegio a análise propriamente política — visando um contexto que é mais vasto do que o da conjuntura, porém incluindo também a própria conjuntura —, mas essa análise vem informada por certo tipo de reflexão, que, ousaria dizer, é em parte filosófica, pelo menos no sentido de uma filosofia da história.

A crítica econômica é o grande desafio. Tento seguir a norma cartesiana — que é bem mais do que uma velharia ou um lugar-comum dos manuais de filosofia — de só aceitar o que me parecer evidente. Exigência a que não é muito difícil obedecer quando se trata de política e de história. Já a economia é outra conversa. Ela é de uma tecnicidade particular. E assim, o que fazer quando não se é economista? Deve-se renunciar a toda referência aos problemas econômicos? Essa é a norma de certos críticos sérios, mas ela é insatisfatória. Nas condições atuais, uma crítica alérgica a toda referência à economia é insignificante.

Optei por uma solução arriscada, mas que me parece, ainda, a menos pior. Sem me aventurar muito nesse terreno, não me furtei a fazer algumas observações críticas.[1] Não é que, para o não especialista, as evidências nesse domínio inexistam. Mas elas são frequentemente indiretas e de uma clareza inferior àquelas a que ele pode chegar (eu, pelo menos) no plano da política. Em todo caso, se não sou "imparcial", prometo ao leitor um esforço de honestidade crítica. Se, como já disse, analisarei também o meu campo, que é o da esquerda, esboço aqui um trabalho que se fez pouco: a crítica do discurso dos ideólogos da direita. Claro que, até agora, se abriu muito fogo contra o sistema no plano político ou no econômico, mas há certa resistência à ideia de um trabalho de análise minuciosa do discurso de jornalistas e eventuais teóricos de direita. Diz-se que é inútil se ocupar dos inimigos — em todo caso, desses inimigos — e até se considera suspeito tal interesse. Essa atitude é como a dos que supõem — guardadas as proporções — que os historiadores do nazismo são, no fundo, simpatizantes, ou que os cancerologistas são partidários do câncer...

Finalmente, como a campanha antiesquerda — por primária que seja —, dada a sua violência, os meios de que dispõe e o nível relativamente baixo da nossa "opinião pública", pode, sem dúvida, influenciar setores importantes de diferentes classes, me pareceu necessário inserir também alguns parágrafos que apontam menos para os problemas da reconstrução da esquerda do que para algo do tipo "defesa e ilustração da esquerda". Trata-se de dar algumas informações sobre a história do pensamento e da prática política da esquerda, assim como sobre os seus valores — além de desconstruir alguns mitos. O leitor bem-informado me perdoará pelo caráter notoriamente pedagógico de alguns desenvolvimentos. Se não fazem parte da teoria da reconstrução, eles se inserem, na prática, nos termos em que a reconstrução deve operar. De fato, esta deveria conter como momento esse trabalho de explicitação.

1. As patologias da esquerda

Meu ponto de partida é a tomada de consciência de que os caminhos que seguiu a esquerda, aproximadamente nos últimos cem anos, representam uma deriva múltipla em relação ao que se poderia considerar o seu encaminhamento original. Pode parecer uma banalidade — para alguns parecerá, pelo contrário, uma heresia —, mas estou convencido de que a primeira coisa a fazer é dissociar o projeto da esquerda da maioria dos projetos e políticas que no último século se apresentaram como representativos dela, na forma de práticas de Estado ou de partido, ou enquanto corpo de ideias. Minha hipótese é a de que um eventual trabalho de reconstrução deve começar pela percepção de que, por diferentes razões e sob diferentes formas, vivemos nos últimos cem anos um período de alienação radical do projeto de esquerda em relação ao que ela representou na origem, e deveria continuar representando.

Ouço já a objeção que se fará a essa postura: "Para salvar a esquerda, você põe entre parênteses a esquerda que realmente existe e se refugia numa outra, que só existe no seu espírito...". Entendo o argumento, mas desde já observo que ele falseia a natureza do problema. Aliás, a respeito do argumento, leio uma matéria em que um articulista — como todo direitista-novo —, embalado com os ares do tempo, dá uma lição de realismo, num jornal da sua nova família política, a uma moça que, coitada, embora não acredite nem em Stálin nem em Castro, acha que o socialismo (ela diz: o comunismo) verdadeiro é outra coisa. Respirando fundo no senso comum conservador do pós-impeachment, o articulista tripudia sobre o irrealismo da moça: ela teria introduzido sub-repticiamente um pretenso socialismo verdadeiro, sob a miséria do socialismo real, o único que existe efetivamente, e o qual ela é incapaz de enxergar.

No entanto, houve a Inquisição, as Cruzadas, o papa Bórgia, a noite de São Bartolomeu, o reacionarismo de uma fieira de papas, a atitude do papa Pio xii na Segunda Guerra Mundial, a homofobia, a oposição ao divórcio, o fanatismo nas diretivas sobre a escola, enfim, uma longa história de erros e horrores do cristianismo realmente existente. Seria tão irrealista assim dizer que, apesar de tudo, o cristianismo verdadeiro é outra coisa? No caso da esquerda não se trata, bem entendido, de religião, mas, enquanto ilustração e "epígrafe", a comparação é útil. Houve e há uma esquerda que esteve fora do poder de Estado e dos partidos. Mesmo dentro dos partidos e do Estado, nem tudo foi negativo (pense-se, por exemplo, no Front Populaire francês dos anos 1930 ou no socialismo nórdico). No plano da produção das ideias, há um saldo considerável (para dar um exemplo, o pensamento clássico de Frankfurt[1] não foi nenhuma brincadeira). Talvez se devesse lembrar também que há um bom jornalismo de esquerda no mundo, embora ameaçado constantemente pelo poder do capital (citaria apenas o *Libération*, que conheço melhor, jornal francês de esquerda, combativo, lúcido e radicalmente antitotalitário).

O trabalho que tentarei fazer não é o de um "fazendeiro do

ar". A situação política, tanto a do Brasil como a do mundo, é mais complexa do que sugerem as fontes oficiais. As da direita e, de outro modo, também as da esquerda. Seria preciso deixar claro que não estou propondo voltar a um marco zero. Oponho-me explicitamente a essa atitude. O que é preciso erradicar de forma eficaz são as representações ilusórias que se propagam na esquerda. E também, é claro, as práticas. Mas não se trata de pôr entre parênteses tudo o que a esquerda fez, *mesmo quando o fez no interior de uma perspectiva que pode ter muito de ilusória.*

Em 1968, por exemplo, muita gente se exprimia na linguagem do maoismo ou do trotskismo. Nem por isso o movimento de 1968 deixou de ser libertário. Ele o foi mesmo quando se apresentava sob envoltórios ideológicos duvidosos. O próprio Front Populaire francês dos anos 1930 se fez na base de uma aliança com o PCF, partido stalinista e burocratizado, e ainda assim teve lugar importante na história das lutas populares. A partir dele, obtiveram-se medidas essenciais à proteção social (férias remuneradas, por exemplo) e marcaram-se pontos na luta contra o fascismo. As greves operárias na Europa e na América Latina não deixaram de ser grandes movimentos só porque se fizeram, muitas vezes, sob direção social-democrata, populista ou stalinista. A campanha contra o impeachment no Brasil foi um movimento importante, a ser saudado e comemorado, embora tenha sido levado a cabo sob a hegemonia de um partido que não é propriamente um modelo.

Enfim, não pretendo substituir o que está aí por algo inteiramente novo. Não se trata de trocar o movimento real por um ideal. Trata-se de combater infecções de ideias que prejudicam o movimento. Se, no passado, houve horrores praticados em nome da esquerda e, o que é mais grave, contando com a justificação de boa parte dela — em relação a isso, é claro, há que partir do zero —, hoje, a situação é diferente. As doenças da esquerda são graves, no sentido de que elas limitam o alcance da sua atividade e dão armas aos adversários. Mas não são doenças que façam com que esses movimentos, hoje, principalmente, deixem de ser movimentos de libertação na sua imensa maioria. E, como veremos, as patologias da esquerda estão em plena crise. Ao criticá-las, nos apoiamos num movimento em curso (o que não é sempre possível nem é em si mesmo necessário, mas, existindo, ajuda).

Não se trata de dizer que a esquerda foi inteiramente "pura" na origem e depois degenerou. As suas patologias rondam desde o início da sua história. A prova é o jacobinismo robespierrista — o Terror. Isso não vai em detrimento da esquerda, porque, provavelmente, se pode afirmar que todas as formas políticas são, desde a primeira idade, mais ou menos ameaçadas por patologias. A verdade é que, se houve sempre patologias, efetivas ou virtuais, ameaçando a esquerda, sempre existiram, também, figuras políticas, partidos ou movimentos que resistiram a elas. A história da esquerda entre a Revolução Francesa e 1914 o comprova. E, depois da emergência do bolchevismo e dos totalitarismos de esquerda, como também do reformismo adesista, houve uma esquerda que resistiu a uns e a outros. Voltarei a esse assunto mais adiante.

CONTRA O NEOTOTALITARISMO

Muitas vezes se afirmou que a esquerda levou um enorme baque — se não o baque definitivo — com o fim do chamado socialismo de caserna, cuja história terminou, pelo menos em termos simbólicos, com a queda do Muro de Berlim, em 1989. Ou, de forma mais radical, se asseverou que a experiência terrível do totalitarismo, no caso do totalitarismo de esquerda, deu um golpe mortal no projeto da esquerda. Na realidade, o golpe foi imenso, mas a trajetória não termina aí. De certo modo, antes começa — ou recomeça.

O colapso do totalitarismo igualitarista é um ponto de partida. Com base nele, nasce uma porção de perguntas. O que representou o socialismo de caserna? Por quais razões ele caiu? Em que medida ele encarnava efetivamente um ideal que poderia ser chamado de socialista? E mais: houve outras deformações além daquela que ele implicou? Se houve, o que significam e como se explica a emergência delas? Perguntas que põem na ordem do dia a interrogação mais geral — que os ideólogos mais radicais do sistema dominante depois da queda do Muro respondem confirmando a negativa —: não haveria mais futuro para a esquerda?

Se estou convencido de que é falsa a tese de que a esquerda foi mortalmente ferida com a queda do Muro — como já disse, sou mesmo tentado a afirmar o contrário: a de que ela nasce ou renasce com a crise do "comunismo" —,[2] a verdade é que, depois dessa crise, ela vive uma situação difícil.

É preciso partir de uma realidade brutal. Uma das tendências da esquerda nascida na Rússia, no início do século xx, e que se tornou mais ou menos hegemônica na esquerda mundial a partir da segunda ou terceira décadas do mesmo século, conduziu a um resultado catastrófico. Ela nasceu de um partido autoritário que, depois de algumas peripécias, deu origem a um Estado totalitário (o que significa: um Estado em que se negam todas as liberdades civis e políticas e que tem como projeto uma dominação total do indivíduo), e, mais tarde, a um sistema de Estados totalitários. O balanço da experiência totalitária de esquerda é o de muitas dezenas de milhões de mortos, principalmente camponeses, sendo os pontos altos desse massacre a fome stalinista dos anos 1930, que atingiu os camponeses da Ucrânia e do sul da Rússia, e o "Grande Salto Para a Frente" (projeto delirante de crescimento econômico e industrialização hiperbólicos) de Mao Tse-tung, entre 1958 e 1961. Pode-se acrescentar ainda o "grande terror" na União Soviética, nos anos 1930; a Revolução Cultural Chinesa, que começa em 1966 e cujos prolongamentos vão até a morte de Mao, dez anos depois; e, last but not least, a façanha sangrenta de Pol Pot e companhia, que resultou em por volta de 2 milhões de mortos, mais ou menos um quarto da população do Camboja.

O que há de enorme em tudo isso, circunstância sobre a qual é preciso continuar refletindo, é que a "folha de serviços" prestados pelos partidos e pelos Estados totalitários representa o oposto exato do que se pode considerar o ideário da esquerda, no seu projeto original. Isto é, o destino de uma parte da esquerda foi uma negação brutal de tudo aquilo que ela propunha na origem: igualdade, liberdade, solidariedade, respeito mútuo entre cidadãos e governantes, justiça social. Claro que se pode falar das famosas "conquistas" do "comunismo" no plano da seguridade social e em parte da educação, mas eles foram mais "avanços" do que conquistas, por serem precários e por não compensarem a enormidade da violência criminosa dos Estados totalitários. Insistiria — embora não possa desenvolver aqui esse ponto, como o fiz alhures —[3] que não se pode resumir a experiência totalitária na figura do "stalinismo", nem mesmo no par "stalinismo-maoismo". Antes do stalinismo, houve o leninismo. Ainda que as duas formas não sejam idênticas e haja certas descontinuidades entre elas, existe também, ao contrário do que pretendiam algumas das correntes de oposição, uma continuidade real, embora não absoluta, entre uma e outra. O stalinismo não poderia vir à luz se não tivesse existido o leninismo. E vários elementos do stalinismo, como os campos, já estavam presentes no leninismo, embora em menor escala.

A partir do leninismo, assiste-se ao nascimento de um leque de formas ou de correntes no interior do universo totalitário. Se considerarmos que o trotskismo reivindicou e reivindica uma herança leninista bastante ortodoxa, vemos que há uma pluralidade de modelos políticos — leninismo, trotskismo, maoismo, stalinismo, castrismo — que encarnam propriamente um projeto totalitário ou, pelo menos, não criticam efetivamente o modelo totalitário. De um modo ou de outro, continuam presos a ele e lhe pagam tributo.

Mas qual a situação atual do modelo totalitário no Brasil e no mundo? Essa análise se tornou complexa, na medida em que os dois grandes sistemas totalitários de esquerda (o russo e o chinês) abraçaram o capitalismo, sem abandonar uma forma autocrática, senão totalitária, sendo que num caso, o chinês, continua-se a reivindicar o "comunismo" no plano da ideologia.

Pode-se dizer que, na Europa, a crítica do totalitarismo dentro da esquerda avançou muito. Há pouca gente de esquerda que acredita em Stálin; e mesmo o leninismo, o trotskismo ou o castrismo são claramente minoritários. Entretanto, é preciso observar duas coisas. Primeiro, que há ainda teóricos neototalitários conhecidos do grande público, que defendem, de uma forma ou de outra, a herança totalitária, ou pelo menos uma parte dela. É o caso do francês Alain Badiou e do esloveno Slavoj Žižek. O primeiro pratica uma espécie de neomaoismo, reivindicando as práticas dominantes em pelo menos um dos períodos da Revolução Cultural; o segundo é mais ambíguo, mas a sua atitude em relação ao passado, inclusive no que se refere a Stálin, é no mínimo duvidosa. Esses dois personagens tiveram e têm certo sucesso perante o público europeu. Inclusive bons jornais de esquerda, como o *Libération*, lhes deram, até pouco tempo, bastante atenção. O sucesso desses dois autores mostra certa decadência do pensamento europeu. E a acolhida que tiveram por parte da imprensa de esquerda independente e antitotalitária indica que persiste alguma confusão.

No Brasil, a situação é diferente, muito mais séria. Até os anos 1950 ou 1960, a força hegemônica na esquerda com certa base de massa era o Partido Comunista do Brasil (PCB, depois Partido Comunista Brasileiro), partido plenamente fiel a Moscou e, portanto, de ideologia stalinista. Enquanto o Partido Comunista teve hegemonia, a opinião de esquerda dominante no Brasil era não só leninista, mas também stalinista. Depois, em função das dificuldades e da derrocada da URSS e do "comunismo" autoritário, o PCB entrou em crise. Mas nem por isso o modelo totalitário perdeu importância dentro da esquerda, mesmo em outras encarnações partidárias.

Hoje, no Brasil, como se relaciona a esquerda com o totalitarismo e os neototalitarismos? Há, na extrema esquerda, vários pequenos partidos (PSTU, PCdoB, PCO...) que reivindicam o leninismo, o trotskismo, o castrismo (às vezes mais de uma dessas figuras) e, pelo menos em um caso, o stalinismo. Essas tendências existem igualmente na Europa, onde são também minoritárias. Aqui, porém, elas têm certo peso pelo menos nas organizações estudantis. Infelizmente, não ficamos nisso: se passarmos desses movimentos radicais e minoritários ao PT, veremos que, se o estatuto das ideologias neototalitárias muda, não muda tanto quanto se poderia pensar. Analisarei adiante mais de perto o caso do PT, mas é notório que uma parcela considerável de simpatizantes e militantes desse partido tem certas ilusões com relação a partidos e movimentos totalitários. Pelo menos parte do núcleo pró-castrista mais duro no Brasil pertence ao PT e não a partidos que, em princípio, se situam mais à esquerda.

Se passarmos do PT ao PSOL, a situação não se altera muito. O PSOL rompeu com o PT, questionando a corrupção e o burocratismo dominantes naquele partido. A atitude merece elogio e constituiu um serviço prestado à esquerda brasileira. Entretanto, seria difícil dizer que militantes e simpatizantes do PSOL se desfizeram de todas as ilusões relativas a governos e movimentos totalitários. Há gente no PSOL que admira profundamente e critica só de modo superficial a ditadura castrista. Sei também que, dentro do PSOL, um movimento tão abertamente antissemita como o Hamas[4] tem os seus simpatizantes. É verdade que o PSOL é muito diversificado. É um partido de correntes. Nem a recente campanha municipal do PSOL no Rio de Janeiro ou a atuação dos seus deputados traz um vezo totalitário qualquer, como andou sugerindo arbitrariamente a direita. Nesse sentido, há que acompanhar de perto a evolução dos militantes e simpatizantes desse partido.

Deve-se considerar também — mesmo se, enxergando aí uma mentalidade totalitária subjacente, eu faço um salto — o papel dos ativistas, que atuam principalmente nas universidades e promovem ocupações em série, "cadeiraços" e outros abusos (o que não significa que eu esteja contra toda e qualquer ocupação). O caso mais grave é provavelmente o da USP. Trata-se em parte de militantes de grupos de extrema esquerda, mas há também os que pertencem a partidos de esquerda, simplesmente, além de neoanarquistas e similares. Deve-se observar que os ativistas são minoritários entre os estudantes e que eles muitas vezes agem contra as decisões das assembleias, nas quais se decide democraticamente. O modelo totalitário está muito presente nessas práticas.

Bem entendido, o problema da universidade não começa aí. Durante anos, houve movimentos perfeitamente justificáveis por parte dos estudantes — apoiados por muitos professores — contra a burocracia universitária, a falta de verbas, as difíceis condições de trabalho. Um grande número de professores foi indiferente a essas reivindicações, se não as denunciou como demagogia irresponsável. As burocracias universitárias e uma massa considerável de docentes de direita contribuíram — e muito, não esqueçamos — para a deterioração da situação. A PM não entrou de mão leve ao fazer as desocupações, o que é intolerável. Pergunta-se se, em tudo isso, não há vontade de fazer apodrecer a universidade para entrar com o recurso mágico das privatizações.

Entretanto, o tipo de violência de esquerda a que se tem assistido principalmente na USP é lamentável. Seus efeitos são negativos; só pode beneficiar a direita, como já vem acontecendo. Grupos radicais praticam uma espécie de entrismo na universidade, tanto no plano estudantil como no do funcionalismo. Como muitos funcionários são recrutados entre licenciados pela universidade, os grupos incitam militantes e simpatizantes a ingressar não com o intuito de estudar, mas de servir à organização. Como as práticas propostas por esses grupos radicais são em geral hiperpolitizadas, no pior sentido, e estranhas aos reais interesses tanto da esquerda como da universidade, estamos diante de um perigo real. Se continuar assim, a universidade acabará destruída. Embora haja uma atitude correta de resistência por parte da maioria dos professores — penso nos docentes de esquerda que não se deixam iludir pelo "radicalismo" dos ativistas —, uma parcela dos professores de esquerda, inclusive gente de gerações quase tão antigas quanto a minha, se confraterniza e apoia, de maneira irresponsável, os movimentos mais aloprados. O pretexto é o de que as taras desses movimentos — taras que eles, direta ou indiretamente, reconhecem — seriam corrigidas "no processo"... Desde a experiência terrível do século xx, sabemos bem o que significa essa pseudocorreção dos horrores "no processo". Mutatis mutandis, essa era a linguagem com que se justificavam os piores frutos do stalinismo. Observemos que essas práticas de radicalismo duvidoso, que operam nos campi da universidade, contrastam com a independência e a lucidez dos movimentos secundaristas. Temos neste último caso os melhores exemplos do que pode significar um "movimento social", em termos de mobilização popular. Nem direção burocrática nem ideologia neototalitária, mas luta libertária em favor de reivindicações tanto setoriais como nacionais.

Se passarmos da prática política ao campo do pensamento, verifica-se que o peso das ideias neototalitárias continua importante na esquerda brasileira. Os livros assinados por autores de esquerda que têm posições críticas ao leninismo — por exemplo, o clássico de Orlando Figes, *A tragédia de um povo: A Revolução Russa, 1891-1924* —[5] são desconhecidos do grande público universitário de esquerda. Aliás, por causa de um funesto círculo vicioso, tal tipo de livro acaba não sendo publicado por editores de esquerda, mas sim pelas editoras de tradição mais conservadora, o que aumenta a confusão. Quanto aos teóricos do neototalitarismo, observo que os dois que citei, Žižek e Badiou, são bem recebidos nos meios de esquerda. Žižek, em especial, parece onipresente. Não faltaram resenhas elogiosas aos trabalhos dos dois, inclusive na pena de gente que pertence a organizações de esquerda não muito radicais (ao PT, por exemplo). Tiveram acolhida acrítica até por parte de teóricos pouco suspeitos de simpatia pelo totalitarismo.

Assim, não nos livramos inteiramente da peste totalitária. O mundo também não se livrou. Se assinalo os limites da crítica, mesmo europeia, há que dizer que a situação é em si mesma complexa, porque agora temos poderes de Estado ao mesmo tempo totalitários de esquerda e capitalistas. Mas uma cura total em relação à doença totalitária é indispensável não só em termos teóricos — não há como eliminar a democracia dos fundamentos teóricos da esquerda —, como também em termos práticos. Quem no "grande público" acredita, hoje, no totalitarismo? Que "opinião pública" nacional ou internacional se dispõe a aceitar o totalitarismo? Quando fazem o elogio do castrismo, os militantes de certos partidos de esquerda e extrema esquerda querem dizer que este seria o regime ideal para o Brasil? Não sei se pensam assim, mas tudo fica num claro-escuro. Certas declarações podem sugerir que sim.

Um projeto desses é um suicídio político, a curto, médio e longo prazos. Quem desejaria um governo de tipo castrista no Brasil? De minha parte, se isso vier a acontecer (o que, felizmente, é muito improvável), tomaria o caminho do refúgio em alguma embaixada... De onde vem esse temor de cortar o fio que nos prende aos regimes totalitários? Provavelmente, de um medo de se "isolar da história", de perder suas bases reais. Mas isso é uma ilusão. A esquerda sempre representou uma ideia de ruptura. Ruptura com o capitalismo, é claro. Mas também ruptura contra todas as formas de opressão, mesmo aquelas que se pretendem progressistas, e incluindo as que o foram, eventualmente, no passado. Os partidos, movimentos e regimes apodrecem. Eles mudam e podem se transformar no seu contrário. Às vezes, conservando antigas denominações. Se a esquerda não for capaz de distinguir, de um lado, os nomes, e, de outro, as coisas, estamos perdidos, porque a história é, em grande parte, um jogo de esconde-esconde que mobiliza e embaralha os nomes e os processos efetivos, no sentido do progresso ou da regressão — porque há regressões históricas, é bom não esquecer. Enfim, impõe-se uma plena e absoluta superação crítica do interregno totalitário. Só nessas condições a esquerda tem futuro. Sem isso, não sairemos do túnel.

CONTRA O REFORMISMO ADESISTA

Aqueles que fizeram a crítica dos totalitarismos de esquerda, efetivos ou nascentes, frequentemente os consideravam apenas um dos polos de um processo de degenerescência da esquerda, o qual seria bipolar. Fazendo pendant à crítica da esquerda totalitária, vinha um segundo bloco crítico, cujo objeto era uma outra degenerescência, considerada mais ou menos simétrica, em geral chamada de "reformismo". Hoje, é melhor falar em "adesismo" do que em reformismo, pois a diferença entre "reforma" e "revolução", se não desapareceu, pelo menos se tornou muito complexa; e também porque o antigo reformismo tomou formas extremas, de simples capitulação diante do sistema. Teria esse outro polo de degenerescência existido no Brasil? Acho que sim. A melhor encarnação dele — penso — é o que eu chamaria de "cardosismo", a tendência política que se articulou em torno do ex-presidente Fernando Henrique Cardoso.

A trajetória do grupo que se alinhou em torno de Fernando Henrique, a distinguir de outros grupos no interior do PSDB, corresponde em linhas bastante precisas à dos neorreformismos recentes. É preciso se debruçar nessa trajetória, sobre a qual pouco se refletiu. Ao romper com o PMDB, Fernando Henrique e alguns dos seus amigos encarnavam uma perspectiva de centro-esquerda que se distanciava do PT pelo projeto de construção de um partido de caráter não classista e não sindicalista. Mas FHC declarava, na ocasião, que tinha um projeto "social" para o país. Aliás, num livro de memórias, afirma que o nome proposto por seus amigos para o novo partido não o agradava muito pela ressonância excessivamente europeia. Ele preferia Partido Popular Democrático ou algo do estilo.[6]

Durante certo período, a possibilidade de aliança entre PT e PSDB esteve no ar. Em seguida, enquanto o PT seguia seu caminho, no início socialista independente, depois reformista-populista, o PSDB, incluindo o grupo de FHC, foi caminhando para a direita. Isso se consubstanciou nas alianças que o PSDB veio a fazer e, em geral, no seu posicionamento político. Mas, para me referir especificamente ao grupo de Cardoso, acho que se deslocou do que era uma posição de centro-esquerda para uma postura de centro-direita (eu situaria outros políticos do PSDB, como Geraldo Alckmin, na direita, simplesmente; quanto aos representantes da extrema direita, eles estão em geral ligados a outros partidos ou legendas). Há alguma coisa em comum entre Fernando Henrique Cardoso e Tony Blair.[7] No mesmo livro, Fernando Henrique o afirma explicitamente. Trata-se, nos dois casos, de políticos que originalmente se posicionavam à esquerda, mas acabaram aderindo ao sistema político-econômico dominante — no caso de Blair, à política econômica de Margaret Thatcher.

Como isso ocorreu com FHC e seus amigos? A reconstituição desse processo é sempre difícil, mesmo porque seria preciso dispor de mais dados históricos. Mas houve a aceitação da ideia (thatcheriana na forma) de que "não haveria alternativa" ao liberalismo econômico. A julgar pelo que FHC escreve no texto autobiográfico a que me referi, essa convicção vem fundada na percepção que ele tem do significado do fim do "comunismo". A queda do Muro implicaria uma espécie de julgamento definitivo quanto à vitória do capitalismo. O destino do "socialismo de caserna" mostraria que não havia outra saída. Conclusão apressada, evidentemente. É digno de reflexão o destino do antigo sociólogo crítico, importante intelectual da esquerda, e também o de gente como José Serra, ex-líder estudantil exilado pela ditadura, que veio a ser ministro das Relações Exteriores do governo Temer. O destino deles me parece um pouco melancólico. Sem me aventurar muito longe nas hipóteses, houve, talvez, no plano mais micrológico, algo como uma ilusória "passagem à maturidade", uma enganosa consciência da necessidade de ser "coerente" ou fiel à sua classe. Como se, para ser lúcido diante do mundo, não fosse necessário aos intelectuais de classe média certa incoerência e determinada infidelidade à "sua classe".

Em alguns membros daquele grupo, como também em Blair, sobrou algum verniz de esquerda, mas não mais do que um verniz.[8] A leitura dos textos de Blair e de Giddens é uma experiência curiosa, precisamente porque começa com um programa muito razoável de atualização do projeto socialista, mas termina, pelo menos na prática, com uma capitulação diante do sistema. Deve-se observar, entretanto, que no plano da política internacional Cardoso não se alinhou a Blair no passo mais escandaloso do premiê britânico — o apoio à aventura bushista no Iraque.

Neototalitarismo e adesismo são duas patologias da esquerda, pelas quais ela pagou um preço muito alto no plano internacional. No Brasil, elas existem também, mas, se a localização política que fiz do adesismo é correta entre nós, ele não se situa mais na esquerda nem se pretende como tal. Não há propriamente ilusão a respeito dele, embora a opinião pública de esquerda não tenha clareza sobre seu significado. Já o neototalitarismo é um grande problema, como já foi dito.

CONTRA OS POPULISMOS. O POPULISMO E O PT

A terceira figura patológica é a que se designa pelo termo genérico de "populismo". Mas a que, precisamente, ela corresponde? Como definir o populismo? E, pergunta particularmente importante, como definir a situação do partido de esquerda até aqui hegemônico no Brasil — o PT — em relação ao populismo? O PT é um partido populista?

Muito se discutiu a respeito do populismo (refiro-me ao populismo de esquerda, pois há também um de direita). Seus traços principais parecem ser uma liderança carismática autoritária, uma política que une, pelo menos na aparência, interesses de classes mais ou menos antagônicas, e certo laxismo na administração da riqueza pública. A meu ver, mesmo quando falta algum desses traços é possível falar em populismo, desde que os outros sejam suficientemente marcados. Por exemplo: no modelo Getúlio Vargas, há os dois primeiros fatores, mas não exatamente o último (Getúlio não enriqueceu no poder, embora tenha havido corrupção no seu governo). No caso de Ademar de Barros, duas vezes governador de São Paulo entre 1940 e 1960, se os dois últimos aspectos são visíveis, o primeiro o é só imperfeitamente: ele tinha certo carisma, mas não de tipo autoritário. Creio, entretanto, que Ademar e Getúlio, cada um a seu modo, podem ser considerados líderes populistas. No caso do PT, também falta o elemento autoritarismo. O carisma está lá, ainda que menos pronunciado do que no caso de Perón, Chávez ou Vargas. Mas houve certamente laxismo — é o mínimo que se poderia dizer — nas suas práticas administrativas.

Saber se o PT pode ser chamado de populista não é, entretanto, o mais importante. Pelo menos do ponto de vista prático, o essencial é insistir sobre o fato — indiscutível, a meu ver — de que o partido não "errou" simplesmente, como pretendem alguns. O partido não se limitou a "cometer certos erros" (erros, aliás, se reconhecem até da mãe). O que houve foi um sistema errado de poder e de administração. A prática petista foi e é uma prática patológica comparável, mutatis mutandis, à política dos neototalitários e dos reformistas-adesistas. Isso não quer dizer que os governos do PT não tenham feito nada de positivo, que o balanço global da sua trajetória seja puramente negativo. Na realidade, o PT pôs em prática uma política de redistribuição de renda cujos pontos principais foram o Bolsa Família e outros projetos, a valorização do salário mínimo e certas facilidades de crédito para setores não privilegiados. Além de ter garantido, pelo menos na cidade, uma atmosfera democrática (ainda que, durante a preparação de dois grandes eventos esportivos internacionais, o governo petista tenha sido brutal com certos núcleos da população urbana), e de ter assegurado, o que governos anteriores não fizeram, a independência da Polícia Federal e do Ministério Público. O programa redistributivo, ou parte dele, teve um êxito considerável, o que é reconhecido mesmo pelos adversários. No entanto, este não veio ligado apenas a uma política "de aliança de classes", o que em si mesmo poderia ser tolerado sob certas condições, mas veio também associado ao uso abusivo da máquina do Estado em benefício do partido e de particulares ligados a ele. É esse o lado intolerável. Um partido que faz essas coisas deve ser chamado de populista?

Já discuti os termos da questão. Na minha opinião, se deveria falar num populismo sui generis pelas razões indicadas. Mas, já que se admite que houve um lado positivo na trajetória petista, impõe-se a pergunta, a qual, implícita ou explicitamente, recebe uma resposta positiva por parte de muitos dirigentes, teóricos ou simpatizantes do PT: valeu a pena a "operação", isto é, foi correto corromper deputados, desviar dinheiro público, vender cargos públicos etc. para se sustentar no poder e, assim, implementar medidas redistributivas ? É isso que está por trás do raciocínio de muita gente ligada de algum modo ao PT. Fizemos o que tinha de ser feito, dizem eles, e o resultado está aí. Pelo menos o Bolsa Família ninguém pensa em liquidar inteiramente. No entanto, esse raciocínio é falso. O impasse a que o PT conduziu a esquerda brasileira não paga o preço de parte dos resultados obtidos pela sua política redistributiva. Não só o partido perdeu o poder, mas, queiramos ou não — e apesar de a esquerda independente não ter sido em nada responsável por aqueles desvios —, a esquerda em geral saiu desmoralizada, enquanto a direita, incluindo a extrema direita, levantou a cabeça.

Não basta dizer que a corrupção é endêmica na política brasileira. Isso é verdade, mas não justifica. O PT nasceu como um partido que, precisamente, visava romper com esse tipo de prática, ao mesmo tempo que se manifestava como estranho ao modelo leninista ou stalinista — apoiava o Solidarność polonês — e também ao modelo social-democrata (ver os documentos originais do partido). Que o sistema político brasileiro seja visceralmente corrupto não absolve o PT. Poderíamos até mesmo dizer: é normal que a direita nade na corrupção, mas toda esquerda séria é infensa a esse tipo de coisa. O que não significa que o fato de a corrupção ser generalizada não desmascare a política da direita. Em outras palavras, é necessário criticar a fundo o modelo petista, mas ao mesmo tempo desmascarar a jogada da direita segundo a qual só o PT rouba. (Voltarei, mais adiante, tanto ao PT como ao episódio do impeachment.)

Mas, insistem alguns — e isso não é simples hipótese, o argumento está na boca de muita gente —, sem as práticas corruptas não teríamos chegado ao poder. E, portanto, nada de medidas de redistribuição. Nesse plano, o país estaria no mesmo ponto que no início do século, ainda que se conservando um partido de esquerda hegemônico irreprochável. Esse caminho que *não* foi seguido pelo partido e que parece irrealista por estar ligado a algo como uma "ética da convicção", é o único aceitável. O que teria acontecido nessa hipótese?

Talvez o PT tivesse maior dificuldade para chegar ao poder. Talvez tivesse obtido só poderes executivos estaduais ou municipais. Mas, ainda assim — e se trata da hipótese mais pessimista —, o ganho teria sido considerável. O PT apareceria como um grande partido de esquerda independente, que, sem dúvida, a direita tentaria derrubar, mas sem dispor dos mesmos meios para levar a cabo esse projeto. O prestígio nacional e internacional do partido seria imenso. Mesmo sem todo o poder governamental, projetos como o Bolsa Família poderiam ser implementados através de medidas de iniciativa dos estados ou municípios, impulsionadas pela pressão que se exerceria dentro e fora do Congresso. Não tenho dúvida de que, apesar de tudo, essa opção seria de longe preferível àquela pela qual enveredou o petismo e cujo resultado catastrófico estamos vivendo no presente: uma direita em plena ofensiva, uma esquerda golpeada e, de certo modo, desmoralizada, um país em amplo retrocesso político.

Mais ainda: o PT não enveredou apenas pela corrupção. Infelizmente, houve coisas piores. Ele esteve envolvido de algum modo, que fosse o da responsabilidade moral ou política — há alguém que ainda duvide disso? —, em pelo menos um caso escabroso de morte violenta (acompanhado de meia dúzia de vítimas "colaterais"): o assassinato do prefeito Celso Daniel, de Santo André, em 2002. Quaisquer que sejam as responsabilidades, esse "acidente de percurso" se torna necessário sempre que um partido tolera procedimentos mafiosos ou os pratica. Provavelmente não foi o único caso no Brasil e, como se sabe, houve outros semelhantes sob governos populistas estrangeiros. Se não nos interessa levar mais lenha para a fogueira — infelizmente, essa fogueira tem lenha suficiente para continuar ardendo por muito tempo —, seria bom deixar claro que a esquerda independente não pode ser refém do PT nem pagar por seus graves erros e extravios. Erros e extravios que a direita explora à saciedade. Digamos sem ambiguidade: interessa-nos que tudo seja apurado e revelado.

Mas, a propósito de casos escabrosos, seria bom não esquecer, embora isso não justifique nada, que eles existem também "do lado de lá". Ainda que muitos irão dizer que são coisas diferentes, não podemos perder de vista as centenas de "mortos sem sepultura" que a ditadura militar produziu. Num momento em que é de bom-tom justificar o pior, invocando os erros graves da resistência (eles existiram) e também a ideologia duvidosa de muitos dos seus principais líderes (em geral, as convicções destes de fato não eram propriamente democráticas), seria útil lembrar que nada explica substituir uma eventual ditadura por outra efetiva, nem realizar esse trabalho mediante a liquidação a frio de prisioneiros desarmados, a tortura sistemática e o assassinato de líderes de partidos de esquerda, quer esses partidos participassem ou não da luta armada. Houve, além disso, outras histórias tenebrosas envolvendo a direita, que não mencionarei aqui.

O petismo e os populismos em geral (sui generis ou não) representam a terceira patologia da esquerda. Certamente, a que mais nos atinge e interpela no momento. A propósito das duas outras patologias, mencionei suas bases teóricas e práticas no plano internacional. Com relação ao populismo petista, seria difícil encontrar um modelo externo aplicável ao caso. Restaria examinar o que dizem os intelectuais petistas mais importantes. Que me seja permitido dizer alguma coisa sobre intervenções recentes e menos recentes de minha colega Marilena Chauí, a figura intelectual mais conhecida da família petista.[9] Para além dos velhos laços de amizade e lealdades acadêmicas, seria preciso, afinal, afirmar com todas as letras: o discurso político de Marilena Chauí tem representado uma verdadeira catástrofe para a esquerda.

Vejamos. Por ocasião do mensalão, ela tomou a defesa do PT — e praticamente não fez nenhuma crítica ao partido ou à sua direção. Agora, com a operação Lava-Jato e os escândalos sucessivos envolvendo não só o PT, mas também o PT, a sua atitude não foi diferente. Tivemos uma defesa intransigente do partido — não se ouviu por parte dela praticamente nenhuma crítica à legenda — e, o que é pior, a defesa se fez na base de uma enxurrada verbal arbitrária. Assim, contra todas as evidências, ela continua insistindo no caráter "fascista" da pequena burguesia. Na realidade, uma parte da pequena burguesia é, digamos, fascistizante, outra hesita, e uma terceira, constituída sobretudo por intelectuais e semi-intelectuais, está afinada com a esquerda e, frequentemente, com o melhor da esquerda.[10] Quanto à operação Lava-Jato — fenômeno complexo, ao qual não se pode deixar de atribuir, em princípio, efeitos positivos, apesar dos erros e desmandos de alguns dos seus "operadores" —, Chauí a desmistifica: afirma, sem se dar ao trabalho de provar o que diz, que o juiz Moro teria sido treinado pelo FBI para levar adiante um projeto de entrega do pré-sal aos americanos.

Uma intervenção recente de Marilena Chauí me interessou particularmente. Por ocasião de um debate com outros intelectuais, e porque se falasse da necessidade de reconhecer os erros do partido, Chauí fez questão de deslegitimar a noção de "autocrítica" (ela disse que, felizmente, ninguém teria empregado a expressão durante o debate, mas o termo fora sim expresso por um dos participantes). E explicou que "autocrítica" era coisa da política totalitária, política terrível como se sabe, que era preciso recusar a todo custo. Pôs-se então a falar longamente da autocrítica em regime totalitário, ou dentro de um partido totalitário. Com esse tipo de discurso, Marilena Chauí não apenas saiu do tema (de fato, discutia-se o PT, não o regime e os partidos totalitários), mas foi além. Com seu discurso contra a autocrítica em regime totalitário, ela lançou uma cortina de fumaça sobre o que se passa no seu partido. A autocrítica em regime totalitário se tornou a mesma coisa que qualquer outra, o mesmo que a autocrítica em geral. Ou, preferindo, o mal-estar que se pode sentir, efetivamente, diante da *palavra* "autocrítica" — pelo que evoca, ela se tornou de fato horrível — passou a ser uma arma para impedir qualquer explicação autocrítica por parte do PT. Acontece que, se a palavra é ruim, a "coisa" pode ser boa (embora não na versão stalinista, é óbvio). E autocrítica bem exposta não enfraquece, mas fortalece a luta emancipatória.

O que quer dizer Marilena Chauí quando exorciza a autocrítica no presente contexto? Quer dizer, por acaso, que, mutatis mutandis, a situação dos acusados do mensalão e investigados pela Lava-Jato seria análoga à dos acusados nos processos stalinistas? Dirceu seria, assim, uma espécie de Bukharin, líder bolchevique falsamente acusado, perseguido por Stálin e condenado à morte? Antonio Palocci, por sua vez, seria uma espécie de Lev Kamenev, outro líder bolchevique descartado por Stálin? Os juízes que atuaram no mensalão ou que atuam na Lava-Jato seriam os herdeiros de Andrei Vichinski, encarregado pelo ditador "soviético" de levar a cabo o julgamento de seus inimigos? Isso significaria que as acusações que lhes são feitas, de maneira análoga ao que aconteceu nos processos de Moscou, remeteriam ao mais puro delírio, e que, inversamente, os protestos de inocência dos acusados exprimiriam as razões verdadeiras de gente inocente, injustamente acusada?

Quaisquer que sejam as críticas que podem ser feitas ao encaminhamento dos atuais processos por corrupção no Brasil — *não me refiro à questão do impeachment, que é de outra ordem* —, a situação real, guardadas as proporções, é mais ou menos inversa à dos processos stalinistas. Apesar das reservas que se pode fazer a tal ou tal iniciativa dos procuradores e juízes do mensalão e da Lava-Jato, em linhas gerais — pelo menos até o show lamentável do promotor Deltan Dallagnol —,[11] a acusação não foi delirante. Contudo, insustentáveis, se não delirantes, foram os protestos de inocência dos acusados e o que vinha por trás deles: a total inocência do PT. A ficção está aí. Marilena Chauí toma alhos por bugalhos. Pior, mistura tudo e nos oferece um mundo de cabeça para baixo.

Intervenções desse tipo revelam-se peças de pura retórica. O problema com Marilena — não se trata de fazer carga de forma gratuita contra Chauí, mas ela dá o tom para os seus pares — é que, lamentavelmente, ela é seduzida pelo aplauso dos auditórios. Ora, não há nada mais funesto, para a esquerda, do que esse tipo de sedução. Porque, para ser brutalmente claro, não há beócios somente no campo da direita. No nosso, é preciso reconhecer, eles também existem e costumam frequentar os anfiteatros.[12] Para eles, quanto mais retórico, no mau sentido, for um discurso, e quanto mais afetado for o modo pelo qual é pronunciado, mais aplausos merecerá. Ilusão funesta da oradora.

É preciso distinguir com clareza a defesa de uma posição de esquerda e a defesa de um partido. As duas coisas não vão sempre juntas. Entre os interesses do PT e os interesses da esquerda — e isso vale para qualquer partido de esquerda — há diferenças e pode haver oposição. Defender os interesses gerais da esquerda implica às vezes condenar a política da direção de um partido.[13]

Os partidos envelhecem e até apodrecem. Isso aconteceu com os antigos partidos social-democratas, com os partidos comunistas, com muitos partidos populistas. Lembremos do dito "mensalão". A direção do PT estaria pagando parlamentares para que votassem a favor dos seus projetos. Marilena Chauí saiu a público dizendo que a culpa era do sistema, não do PT. Mais precisamente, que a culpa era da ditadura militar, que instituíra o sistema. O PT, pobre coitado, fora obrigado a obedecer às regras para poder aprovar as suas propostas. Sofisma. O PT nasceu com o projeto de recusar essas práticas, que eram bem conhecidas. Depois, ele mudou. Passou a atuar como todos os outros partidos, sob pretexto de que essa seria a única saída. Só que isso significou liquidar o seu próprio programa. A acrescentar que, se as práticas ilícitas enriqueceram o partido, elas também encheram os bolsos de alguns dirigentes. Segundo Chauí, isso tudo seria culpa de Golbery e companhia, que instituíram as regras do jogo. Ora, seria bom lembrar que houve, na época, gente de esquerda que não reagiu assim, e que entendeu que, inscritas ou não na corrupção crônica do sistema, aquelas práticas eram absolutamente condenáveis e que delas resultaria finalmente a derrocada do partido. Desculpe o leitor, mas, entre aqueles críticos, permito-me incluir a mim mesmo. Eis o que eu escrevia em 2004, por ocasião do início do escândalo do mensalão:[14] "Ou o PT procede a uma verdadeira análise de consciência, e, mais do que isso, a uma limpeza geral das suas práticas, ou a gangrena, é preciso dizer, será inevitável. Assim, é inadmissível que para evitar uma CPI, a qual, apesar dos riscos, deveria ser aceita, ele se amarre, de pés e mãos, a Sarney, a ACM, a Calheiros (e até a Roriz). O tipo de compromisso que se anuncia a partir do episódio da corrupção do assessor de Dirceu é extremamente perigoso para o PT. O PT chega ao limite do que pode, ou, antes, do que não pode um partido de esquerda. Lula não tem alternativa senão a da substituição de Dirceu. Só essa medida pode provocar um 'sobressalto' no partido".[15] Um ano depois, em 2005, num artigo publicado na revista *Lua Nova*[16] intitulado "Para além da gangrena", depois de evocar o artigo anterior e analisar o desenvolvimento da crise do PT, no contexto do affaire do "mensalão", eu escrevia o seguinte: "É difícil dizer no momento em que escrevo [final de agosto de 2005] se o PT irá sobreviver. E qual será o seu destino. Também não sabemos se o governo Lula sobreviverá. A melhor perspectiva seria a de que o PT se salvasse, com a expulsão dos corruptos e uma reorganização do centro e da esquerda menos fanatizada, na base de um novo programa econômico e político. Um programa definido, sem retórica inútil, sem concessões aos poderes dominantes, e absolutamente intransigente em relação à corrupção. Nesse caso, o ideal seria buscar um candidato que não fosse o Lula para as próximas eleições presidenciais, e aceitar a ideia de uma possível derrota. Uma cura de oposição não seria má para a esquerda. Mas se não houver uma reorganização do partido, sucedendo necessariamente a um processo de expulsões, *o PT apodrecerá; e o melhor do PT abandonará o partido.* Infelizmente, no momento em que escrevo, essa é a perspectiva que me parece a mais provável. Para onde iriam então os dissidentes?". Depois de dizer que havia "bastante gente séria e honesta no PT", levanto três hipóteses: ou eles se dispersariam "em uma série de legendas sem muita expressão"; ou tomariam "o caminho da extrema esquerda" — e comento: "A extrema esquerda acertou e acerta ao denunciar o processo de corrupção do partido, mas suas perspectivas políticas são irrealizáveis ou nefastas" —; ou formariam "um novo partido de esquerda democrática", o que me parecia ser "o mal menor caso o PT apodreça irremediavelmente".[17]

Assim, os interesses de um partido de esquerda, mesmo hegemônico, e os interesses da esquerda em geral não coincidem nem convergem necessariamente. O fenômeno vale tanto para os partidos totalitários e neototalitários como para os partidos populistas e "quase populistas". Que se substitua por um momento as declarações e justificativas do tipo das que profere Chauí pelo que diziam os dirigentes e intelectuais dos antigos partidos comunistas. Ver-se-á que o argumento e a retórica são do mesmo tipo. Se um daqueles velhos líderes stalinistas voltasse ao Brasil de hoje, que diria ele sobre os investigadores? Certamente o mesmo que disse Chauí: são agentes do imperialismo que querem entregar as nossas riquezas.[18] Retomo mais adiante as considerações sobre os ganhos que têm tido a direita e a extrema direita com pronunciamentos desse tipo. Mas uma coisa é clara: se o discurso dominante na esquerda não mudar, perdemos hoje e perderemos sempre. A fala (quase) populista, irresponsável diante da verdade, nos condena à derrota. Os aplausos dos ingênuos ou dos fanáticos não são, certamente, uma compensação suficiente.[19]

ESCLARECENDO E COMPLETANDO A AGENDA. ECOLOGIA

Do que foi dito, conclui-se, em primeiro lugar, que a esquerda deve ter um projeto clara e explicitamente antitotalitário e também antiautoritário — um programa intransigentemente democrático. Em segundo lugar, que o seu projeto tem de ser estranho a todo adesismo em relação ao sistema — deve implicar efetivamente uma política de caráter anticapitalista. Em terceiro lugar, que, pelo seu programa e na sua prática, a esquerda tem de ser infensa a toda facilidade na administração dos bens públicos e na vida pública em geral.

Há pelo menos mais um princípio a acrescentar a esses três. Porém, antes de desenvolvê-lo, tentarei explicitar um pouco o que aqueles três primeiros significam, agora de forma positiva e direta, e não negativa e indireta, como fiz até aqui.

Frequentemente, nos meios de esquerda, e mais ainda de extrema esquerda, fala-se mal da "democracia representativa". Ela é associada ao capitalismo. Em forma bastante clássica, vê-se nela uma "expressão política" possível do capitalismo; portanto, capitalismo e "democracia representativa" caminhariam juntos. Na realidade, quaisquer que sejam as insuficiências das formas democráticas vigentes, não há por que abandonar o projeto democrático, e mesmo "democrático-representativo". Formas de democracia direta ou participativa podem ser introduzidas. Bem planejadas, elas podem significar um progresso. Contudo, por várias razões, é difícil supor que elas substituiriam satisfatoriamente toda representação.[20] Está posto que a democracia, como ideologia e como prática, pode servir ao capitalismo. Mas ela é sempre uma arma perigosa para os poderes dominantes. Menos do que exprimir o sistema econômico ou possibilitar a dominação de classes ou grupos de privilegiados, ela tem um impulso próprio e representa um vetor de oposição virtual a uma forma social em que predomina a desigualdade. Mesmo deformada, a democracia tem como princípio a igualdade. Sob esse aspecto, ela é virtualmente — e, sob certas condições, efetivamente — uma força de oposição ao capitalismo, já que o princípio deste é a desigualdade.

As formas sociais ditas "capitalistas" são, de fato, "democrático-capitalistas", denominação que deve ser lida como uma expressão contraditória. Essa denominação rejeita tanto a caracterização liberal, que prefere dizer "democracia", como a alternativa marxista ou marxista ortodoxa, que prefere falar simplesmente em "capitalismo". Ao contrário do que se poderia supor, desde que não se perca de vista a oposição que ele exprime, o nome que proponho não faz nenhuma concessão ao sistema. Ele é adequado, precisamente porque traz em si a contradição que o sistema encerra.

O que significa ser "anticapitalista"? O peso da tradição é tão grande — refiro-me, principalmente, ao da teoria que foi, até aqui, hegemônica na esquerda — que é preciso explicitar essa tomada de posição. Ser anticapitalista não é ser contra o Estado, ainda que todo projeto legítimo de esquerda passe por uma crítica do Estado na sua forma atual. Também não se trata de visar à liquidação de toda propriedade privada. Poder-se-ia dizer também que não se pretende eliminar toda propriedade privada dos meios de produção, o que implica validar a existência de alguma forma de capital. No meu entender, o objetivo da política de esquerda deve ser a neutralização do capital, tanto extensiva quanto intensivamente (ele não pode entrar em qualquer lugar e o seu peso tem de ser limitado). É o grande capital que se tem em mira. Mas não se pense que esse projeto é simplesmente "reformista". O capitalismo não existe sem o grande capital.

Qual é o fundamento da recusa de todo laxismo na administração dos bens públicos? Essa exigência vem do próprio caráter democrático do projeto. Os melhores defensores da linhagem comunista condenavam todo abuso dessa ordem, pois supunham que o uso de tais meios acabava comprometendo os fins visados. No contexto de um projeto democrático, o raciocínio vale a fortiori. O uso desses meios não apenas compromete a realização dos fins: é imediatamente incompatível com os fins. Não pode haver democracia efetiva se o governo for corrupto. Uma coisa não pode existir com a outra.

Um ideal republicano e democrático invalida imediatamente toda justificativa de práticas políticas lenientes ou desonestas. Não quero dizer com isso que poderemos ter um movimento, ou partido, 100% "puro". Sobretudo se o movimento se amplia, é evidente que podem surgir, e em geral surgem, focos de práticas desonestas. O que proponho não é a erradicação absoluta da possibilidade de tais processos. Isso é impossível. O que proponho é que o movimento (ou partido) tenha uma atitude firme cada vez que aparecerem deformações dessa ordem. Entre um partido com princípios de moralidade política que luta intransigentemente contra as deformações "profissionais" sem, entretanto, poder reduzi-las a zero, e outro 40% ou 50% contaminado pelas práticas de corrupção, a diferença é de natureza qualitativa. É falso supor que esse ideal é irrealizável.

O que é necessário acrescentar à exigência democrática, ao anticapitalismo e ao princípio de uma "governança sem corrupção"? Evidentemente, um programa ecológico.[21] O meio ambiente não era propriamente uma bandeira da esquerda. E a ideia difundida em certos meios de que Marx era um ecologista avant la lettre, se se pensar no Marx da maturidade, é exagerada, senão falsa. Os temas ecológicos foram se impondo na segunda metade do século passado, à medida que as condições ambientais foram se deteriorando como resultado da atividade humana. Hoje, só uma minoria de fanáticos duvida da gravidade da questão.

Não foi apenas o capitalismo que levou o mundo a essa situação. O chamado "comunismo" não ficou atrás em matéria de progressismo suicida. Porém, hoje, mesmo se o totalitarismo de esquerda não desapareceu — mas lá onde as suas marcas são mais visíveis ele, precisamente, coexiste com um capitalismo selvagem —, é o capitalismo que comanda a corrida.

Há de resto duas corridas, cujos efeitos são igualmente funestos: o acúmulo de CO_2 na atmosfera, provocado principalmente pela produção de energia a partir de matérias fósseis, e o acúmulo de lixo radioativo, que polui o meio natural e ameaça as futuras gerações por milhares — senão milhões — de anos (a acrescentar, as inevitáveis catástrofes periódicas que atingem as usinas nucleares). O efeito estufa representa um risco de ordem mais propriamente crônica; o nuclear, um risco mais agudo. Mas essa distinção é aproximada, porque as duas modalidades de risco estão presentes nos dois casos.

Hoje há um movimento amplo contra as práticas industriais que produzem o efeito estufa e contra a produção de energia através de centrais nucleares. Sem dúvida, parte das forças que se mobilizam contra esses perigos não é anticapitalista. Há algum esforço governamental nesse sentido. Mas, como se sabe, apesar dos diversos encontros mundiais em torno da questão ecológica, o que se fez e se faz nesse campo é insuficiente. Prevê-se, para a metade do século, uma elevação da temperatura da biosfera que ultrapassará o limite de segurança ecológica fixado. Depois da catástrofe de Fukushima, alguns países baniram a energia nuclear. A produção energética por esse meio atravessa uma crise mundial, talvez definitiva, porém à custa de uma utilização, pelo menos provisória, de energias fósseis. Assim, os fatos vão mostrando quanto é difícil lutar pela preservação do ambiente enquanto não abandonarmos o universo da economia capitalista. E não se trata apenas de uma constatação. É muito difícil impor uma limitação da corrida produtivista no interior de um sistema cujo princípio é a busca ilimitada do lucro. Se a democracia se revela incompatível com o capitalismo, também a ecologia não vai muito bem com ele.

A incorporação dos problemas ambientais às lutas tradicionais da esquerda não deveria representar um problema. Mas as coisas não são tão simples. Mesmo se as energias renováveis parecem oferecer grandes possibilidades em termos de emprego e, como se diz, de "desenvolvimento sustentável", há resistências locais e sindicais contra a conversão energética, o que não se deve apenas à incompreensão do problema por parte das direções tradicionais. Se não se assegurar a reconversão dos postos de trabalho perdidos pelo fechamento de centrais nucleares — reconversão que é uma exigência absoluta e não representa um obstáculo intransponível —, num primeiro momento a oferta de empregos será evidentemente ameaçada. Porém, tomadas as iniciativas necessárias, o efeito da conversão energética é precisamente o oposto. Dado o número de postos de trabalho que a "economia verde" cria, ela representa um elemento importante no combate ao desemprego, se é que não constitui uma solução possível para a crise. No interior da esquerda brasileira, como acontece frequentemente nas esquerdas dos países emergentes, a indiferença em relação às ameaças ao meio ambiente, assim como a desconfiança para com as lutas ecológicas, é forte. Esse tipo de problema vai sendo assimilado muito lentamente.

Há pouco tempo, critiquei um autor, e não dos menores — meu colega Paulo Eduardo Arantes —, por jogar com uma espécie de antinomia — havia pelo menos muita ambiguidade no seu texto — entre Revolução e Urgência ecológica (as maiúsculas são dele). Ele escreve como se a última tivesse substituído a primeira, o que em parte ocorreu, é verdade, mas só em parte. No que se refere à política posta em prática por partidos de esquerda no poder, não se pode dizer que se deu prova de grande consciência ecológica. O governo Dilma Rousseff foi surdo a esse tipo de exigência, para não dizer mais. Basta falar no projeto da usina de Belo Monte, projeto ecologicamente desastroso e duvidoso do ponto de vista econômico. Também não houve uma verdadeira resistência à pressão do agronegócio e dos grandes interesses rurais visando a desmontar a legislação de proteção à floresta. Enfim, o balanço dos anos Dilma Rousseff, em termos de ecologia (como também a sua política indigenista), foi muito ruim, embora ela tenha tentado tomar medidas corretivas no último momento.

A inconsciência diante da oportunidade (ou antes, da não oportunidade) de exploração da energia nuclear no Brasil é ainda mais marcada. O Brasil tem recursos abundantes de energia renovável e não necessita explorar a energia atômica (no meu entender, nenhum país do mundo deveria explorá-la). No plano mundial — como já observei — a energia nuclear está em crise: o risco é grande e seu custo é proibitivo (uma coisa está ligada à outra: as exigências maiores de segurança implicam gastos também maiores). Não é o caso de o país investir num campo do qual o mundo se retira. Mais grave, o nuclear brasileiro emprega uma tecnologia obsoleta e perigosa, que os países mais desenvolvidos vendem aos países emergentes, mas que não utilizam em casa. A acrescentar que as condições geográficas do sítio em que se implantou o nuclear no Brasil não são favoráveis. Sítio que, como se não bastasse, fica entre as duas maiores cidades do país. Por fim, a corrupção atingiu em cheio a Eletronuclear.[22]

Estabelecidos esses quatro pontos, seria preciso justificar a legitimidade de um projeto desse tipo e estudar as condições de sua realização. Porém, antes de passar a esse trabalho, gostaria de exercer um instante aquilo que o pensamento de esquerda praticou muito pouco até aqui, mas que representa tarefa indispensável: a crítica do discurso dos adversários. Mesmo se de forma limitada — trato só de alguns autores, e apenas de parte dos seus escritos e ditos —, tento fazer, nas páginas que seguem, uma espécie de esboço crítico de uma amostra da produção mais recente da direita brasileira. Advirto ao leitor que me pareceu conveniente não me limitar à discussão política e me abrir, pelo menos em alguma medida, a certo número de questões teóricas, algumas de certa tecnicidade. Mas, em seguida, a política "retoma os seus direitos", como dizem os franceses.[23]

2. A direita no ataque

Num texto clássico, "Cultura e política, 1964-1969", incluído em *O pai de família e outros estudos*[1] mas redigido anos antes, Roberto Schwarz fazia o balanço do que lhe parecia ser a hegemonia do pensamento de esquerda nos anos da ditadura militar. Ainda que fora do poder, a esquerda era hegemônica no plano das ideias. De lá para cá, muita água passou sob a ponte. Se a hegemonia da esquerda era real, essa hegemonia tinha seus pontos frágeis — Schwarz pouco examina essas debilidades —, e, sob o impacto de certas circunstâncias, o poder da esquerda sobre a opinião pública foi posto em xeque.

Se já na época da ditadura a direita tinha seus representantes intelectuais, hoje ela tem todo um grupo de porta-vozes que atua na mídia escrita ou falada, empenhado numa verdadeira ofensiva contra a esquerda. Em conjunto, eles se caracterizam, apesar de algumas exceções, pela extrema violência do tom do que dizem ou escrevem. E, não à toa, pelo fato de que um número importante dos seus representantes veio da esquerda ou da extrema esquerda.

Quanto à filosofia que professam, ela varia de um conservadorismo cristão e espiritualista a um quase ceticismo, com vertentes pessimistas ou mais otimistas. O mais velho é Olavo de Carvalho. Em certos círculos, ele tem fama de teórico respeitável. Li alguma coisa de um dos seus ídolos, o filósofo francês Louis Lavelle, que teve seus dias de glória nos anos 1930-40, e, como muita gente, tenho sim a impressão (Carvalho protesta contra o adjetivo) de que a prosa filosófica de Lavelle é datada e de pouco vigor filosófico. Creio que a filosofia francesa do pós-guerra teve boas razões para se distanciar desse universo teórico.

No plano político, Olavo de Carvalho se revela um ferrenho adversário do ex-presidente dos Estados Unidos, Barack Obama. Chega mesmo a supor, no estilo dos seus delírios característicos, que, sob Obama, o governo americano trabalhava em favor da conspiração islâmica mundial. Carvalho se inscreve contra as principais medidas e tomadas de posição do governo de Obama. Como Trump, ele é adversário da ampliação do Medicare, que provê assistência médica a idosos —um dos pecados do "governo socialista" de Barack Hussein Obama —, e se opõe a uma eventual legislação que controle a venda de armas a particulares. Pelo que pude ler, parece que também aprova a invasão do Iraque, decidida pelo segundo Bush, à qual Obama se opôs enquanto legislador.[2] Difícil dizer que quem assume tais posições é um amigo da humanidade. No plano nacional, Olavo de Carvalho se situa à direita da direita clássica, já que não hesita em tecer elogios ao deputado Jair Bolsonaro e até ao coronel Carlos Alberto Brilhante Ustra (é curioso ver a mistura de pensadores espiritualistas que Carvalho admira, com as figuras mais violentas do campo da política). Se o discurso de Olavo de Carvalho não exclui um trabalho de ordem mais analítica, quando a intenção é crítica não só o estilo é muito violento, mas também, nas intervenções orais pelo menos, não faltam insultos e palavrões.

O filósofo parte em guerra contra o que lhe parece ser a filosofia uspiana. Desanca o privilégio da explicação de texto (a análise minuciosa da estrutura do texto que os uspianos supõem, com razão, terem herdado dos franceses) que seria hegemônica no ensino uspiano, e também ataca o seu conteúdo. Claro que a explicação de texto não é suficiente, e, se mitificada, pode representar um obstáculo. Aliás, desde há muito se discutiu, no departamento de filosofia daquela universidade, sobre o que vale e o que não vale na chamada historiografia filosófica estruturalista.[3] Não é verdade que se ficou nisso. A contribuição da filosofia universitária uspiana à cultura nacional tem certa importância. Olavo de Carvalho insistirá em que se trata, em geral, de história da filosofia e não, propriamente, de filosofia, o que é verdade, mesmo se as relações entre filosofia e história da filosofia sejam muito mais complexas do que as que ele sugere. A concepção que ele faz valer do que seria história da filosofia é estreita. Pelo menos quando polemiza com os uspianos, Olavo de Carvalho se refere aos grandes livros gerais de história da filosofia. Ora, como ele deve saber, a história da filosofia não é apenas isso, e talvez não seja principalmente isso. De fato, ela progride principalmente na base dos bons estudos monográficos. Foi o que fez e continua fazendo a historiografia filosófica uspiana. As suas melhores produções não ficam abaixo do que se publica nos países mais desenvolvidos. Mais do que isso, em certas ocasiões publicaram-se livros que se anteciparam ao que viria a produzir, depois, a filosofia europeia, pelo menos a filosofia universitária. Se aqueles livros não puderam ter impacto maior, é porque eles foram traduzidos com certo atraso. Isso foi reconhecido, mais de uma vez, por universitários europeus, que viram em alguns daqueles textos mais filosofia do que história da filosofia. Esses resultados significam certamente alguma coisa. De qualquer modo, creio, significam algo bem superior ao que representa, como projeto e como realização, a produção de Olavo de Carvalho.[4]

Não estou insinuando que as obras dos universitários de São Paulo tiveram grande impacto sobre a vida nacional. Elas não o tiveram, em parte pelo próprio fato de que são necessárias condições bastante especiais para que livros de filosofia tenham grande influência na vida de um país. E, também, por causa das insuficiências do meio uspiano, que são reais, mas que não são as que o sr. Olavo de Carvalho indica. Como escrevi num artigo, publicado já há alguns anos, o maior obstáculo naquele meio são os lobbies (há dois: chamei um deles de lobby do "pseudoalto nível", e o outro de "lobby quase populista ou progressista").[5] Os lobbies não impedem que se contrate — e que se forme — gente de bom nível. O que há de desagradável é que, com os lobbies, há uma espécie de clonagem. O nível não é baixo, mas as individualidades produzidas tendem a ser mais ou menos iguais. Se essa igualdade é, felizmente, apenas tendencial, ela representa, assim mesmo, um fator negativo.

Para se ter uma ideia de até onde vai o discurso de Olavo de Carvalho, ofereço ao leitor esta pérola de ódio, extraída de uma das suas obras recentes: "Quem quer que estude as vidas de cada um deles descobrirá que Voltaire, Diderot, Jean-Jacques Rousseau, Sade, Karl Marx, Tolstói, Bertolt Brecht, Lênin, Stálin, Fidel Castro, Che Guevara, Mao Tse-tung, Bertrand Russell, Jean-Paul Sartre, Max Horkheimer, Theodor Adorno, Georg Lukács, Antonio Gramsci, Lillian Hellman, Michel Foucault, Louis Althusser, Norman Mailer, Noam Chomsky e tutti quanti foram indivíduos sádicos, obsessivamente mentirosos, aproveitadores cínicos, vaidosos até à demência, desprovidos de qualquer sentimento moral superior e de qualquer boa intenção por mais mínima que fosse, exceto, talvez, no sentido de usar as palavras mais nobres para nomear os atos mais torpes. Outros foram estupradores ou exploradores de mulheres, opressores vis de seus empregados, agressores de suas esposas e filhos. Outros, orgulhosamente pedófilos. Em suma, o panteão dos ídolos do esquerdismo universal era uma galeria de deformidades morais de fazer inveja à lista de vilões da literatura universal. De fato, não se encontrará entre os personagens de Shakespeare, Balzac, Dostoiévski e demais clássicos nenhum que se compare, em malícia e crueldade, a um Stálin, a um Hitler ou a um Mao Tse-tung".[6]

Acho que o texto dispensa um comentário maior. Marx, Adorno, Horkheimer, Russell (este, aliás, além de grande lógico, é autor de uma obra pioneira de crítica do bolchevismo), mais Diderot, Foucault e Norman Mailer, junto com Stálin e Mao Tse-tung (Hitler — também de esquerda?, é o que ele pensa... — entra no final), recebem a pecha coletiva de "sádicos", "mentirosos", "cínicos", "estupradores", "exploradores de mulheres" ou "pedófilos". É mais ou menos como se alguém tomasse alguns pensadores de direita, os pusesse lado a lado com os dirigentes nazistas, e explicasse que é tudo vinho da mesma pipa. Por exemplo: "Raymond Aron,[7] Bertrand de Jouvenel,[8] Alain Finkielkraut[9] eram todos parecidos com Hitler, Goebbels, Himmler, Göring ou Strasser". O simples alinhamento desses nomes já seria uma enormidade.

Para terminar, uma consideração de ordem geral sobre o estilo argumentativo de Olavo de Carvalho. Ele usa uma série de figuras sofísticas, muito rodadas, que deve extrair de textos filosóficos sobre a retórica ou de manuais de marketing político da extrema direita americana. Vou dar apenas dois exemplos dessas figuras. Uma consiste em ir até o extremo da acusação, até os limites do absurdo e da caricatura. Assim, como vimos, ele não acusa Obama de tais ou tais erros políticos, de ações ilegais ou desonestas, ele o acusa de estar a serviço da conspiração islamista mundial. A acusação é tão absurda que desarma o interlocutor. Seria fácil defender o acusado se se tratasse de tal ou tal malfeito inexistente mas possível. Quando estamos diante de uma impossibilidade total, é como se ele mexesse nas próprias bases racionais de toda crítica e julgamento. O contraditor eventual, e com ele o público em geral, é como que paralisado pela enormidade.

Uma segunda figura — e fico por aqui — é o sofisma da hiperanálise ou do desdobramento infinito das razões (uma espécie de caricatura da regra cartesiana da decomposição das dificuldades). Assim, para discutir a questão de uma possível "intervenção militar" (quer o autor seja ou não favorável a ela), ele observa (não cito literalmente, mas é isto): "Vocês se posicionam em relação a uma intervenção militar? Mas sabem o que é isso? Sabem que a decisão partiria do Estado-Maior do Exército? E, a propósito, sabem o que é o Estado-Maior? Sabem quais as mediações que teria a decisão de intervir? Em resumo, não sabem nada sobre o que é uma 'intervenção militar' e pretendem tomar posição diante dela". O argumento vem ainda reforçado pelo recurso a categorias da metafísica de Aristóteles, pois ele acrescenta: querem falar e opinar sobre um objeto, mas só conhecem qualidades dele (é bom, é mau). Entretanto, é impossível conhecer a qualidade sem conhecer a substância. O sofisma é evidente. A passagem que o seu raciocínio efetua não é da qualidade para a substância, mas do essencial para o inessencial. De fato, sabemos por experiência direta ou indireta o que significa uma "intervenção militar". Conhecemos a essência dela (repressão, suspensão das liberdades fundamentais). O conhecimento dessa essência (que não é simples "qualidade") vem mistificado por elementos que ele apresenta como substanciais, mas que, na realidade, são inessenciais (a estrutura de comando do Exército, as mediações pelas quais deveria passar a decisão de intervir). Isto é, a obliteração do essencial pelo inessencial é apresentada, pomposa e enganadoramente, como movimento teoricamente enriquecedor, conduzindo da simples "qualidade" à substância do fenômeno. Eis aí apenas dois exemplos (daria para fazer um pequeno tratado de retórica) da máquina linguística perversa — para não dizer mais — do sr. Olavo de Carvalho.

Uma figura de estilo diferente, porque mais jornalístico do que teórico, é Reinaldo Azevedo. Nele reencontramos uma violência verbal comparável. Quando ainda não era colunista da *Folha de S.Paulo*, costumava agredir os seus desafetos atacando menos o texto do que o autor do texto e, às vezes, até a família do autor. Além disso, costumava visar as fragilidades físicas dos seus adversários: a condição de velho valia, por exemplo, como ponto contra eles. Se não se trata em absoluto de afirmar que o ideólogo em tela seja nazista, não há como negar que esse tipo de estratégia retórica lembra o estilo do discurso nazista. Por exemplo, a propósito de alguém com ideias de esquerda e já em idade meio avançada, não hesitava em dizer mais ou menos assim: "É velho e de esquerda, portanto burro". O que significa e o que vale tal tipo de afirmação? Imaginemos que alguém escrevesse: "É jovem e de direita, portanto burro". Seria uma tolice e uma grosseria. É claro que existem velhos de esquerda que são inteligentes, e jovens de direita que não são burros. E não me parece muito justificável sair por aí passando atestados de burrice a fulano e beltrano. Tal tipo de agressão não vale nada, nem em teoria nem na prática, e visa essencialmente a obter aplausos de um público de muito baixo nível. Desde que passou a escrever para a *Folha*, o tom de Reinaldo Azevedo mudou, tornou-se um pouco menos violento. Mas não melhorou muito.

Valeria a pena examinar um artigo dele a respeito da guerra americana no Iraque. Se não defende a invasão, a tolera, porque "os impérios têm uma essência amoral"[10]. Daí, põe-se a desenvolver, junto com a questão da impotência da moral, o tema do caráter benéfico das guerras e de outros horrores, pois, com eles, viria o progresso da civilização. "Quantos de nós, os humanistas de pé quebrado, temos claro que a tecnologia de guerra serviu — e ainda serve, a exemplo da internet — para prolongar e tornar mais venturosa a trajetória humana na Terra?"[11] Há muito a observar aí. Primeiro, o que se poderia chamar de "generalismo". Da Guerra do Iraque, ele pula para o amoralismo dos impérios em geral. No entanto, pelo menos do ponto de vista de uma esquerda independente, se era preciso condenar a invasão do Iraque, que teve consequências desastrosas para o mundo (inclusive para os Estados Unidos), isso não quer dizer que toda intervenção, e mesmo toda intervenção americana, seja condenável (por exemplo, é discutível se não teria sido melhor, para os americanos e para o mundo, ter ousado atacar Assad, em vez de recuar e se omitir). Porém, há mais do que isso. O nosso autor propõe uma filosofia da "civilização" — na qual se reconhece, aliás, o esquematismo de um antigo gauchista: em lugar da revolução, ele põe o progresso — cujas dificuldades são visíveis.

Que as guerras tenham impulsionado muitas vezes o progresso técnico, ninguém duvida. Mais do que isso — tema marxista arquiconhecido —, que o capitalismo, em meio aos seus horrores ou através deles, tenha sido, em certas circunstâncias, um fator de progresso, é também inegável. Só que: 1) O horror de uma guerra — pensemos em cada caso singular — compensaria sempre o progresso técnico advindo dela? Quando o custo de um conflito é enorme, não seria melhor se contentar com um progresso mais lento — o mundo também caminha nos períodos de paz —, sem pagar o preço do massacre? 2) O autor fala de progresso técnico. E o progresso social? Seria um conceito vazio? Se não, pergunta-se: as guerras sempre serviram a ele? A Primeira Guerra Mundial, por exemplo — à qual volto mais adiante —, teria servido a esse progresso? No que se refere ao progresso social (por exemplo, passar de uma jornada de trabalho de doze ou catorze horas a uma jornada de oito horas, ou, simplesmente, a emergência da democracia), seria preciso considerar não apenas, e não principalmente, as guerras, mas as lutas. Porque esses progressos foram em geral resultado de grandes lutas, nas quais, simplificando, havia um lado a favor e um lado contra. Entre os que eram a favor, estavam, aliás, muitos inimigos das guerras, gente que acreditava no progresso pacífico da humanidade. Na prosa da extrema direita, costuma-se zombar dos que acreditam na possibilidade de um futuro pacífico para a humanidade, e ela se esmera em denunciar os resultados nefastos dessa crença. Ora, se, no caso do comunismo, uma inversão brutal, de fato, ocorreu (o sonho virou pesadelo), durante anos e anos, antes, durante e depois do fastígio do bolchevismo e do stalinismo, homens e mulheres que acreditavam num futuro pacífico para a humanidade — sem ver atingidos os seus objetivos últimos, é verdade, e incorrendo, às vezes, em ilusões e erros — contribuíram, sim, apesar de tudo, para o progresso social do mundo. E não só para eles próprios ou para os seus aliados. Pois, como já disse, dessas lutas não resultaram apenas melhores condições de trabalho para os proletários. Resultaram também grandes avanços democráticos. Não nos esqueçamos de que só depois de muitas lutas a direita aceitou a democracia. 3) As guerras levam a progresso tecnológico? E o progresso tecnológico, levou aonde? Sem dúvida, a muitas coisas boas. Mas, sem progresso social e sem crítica do mundo — crítica que não cabe nas filosofias de extrema direita —, ele está resultando em catástrofes ecológicas que comprometem o futuro, próximo e longínquo, da nossa espécie. Aliás, a direita, que se pretende tão moderna, parece não se preocupar muito com o tema. Há, no campo da direita, os que não acreditam em efeito estufa ou nas ameaças que implica o "nuclear civil". Há os que talvez acreditem, mas não se preocupam muito com o problema. Não é da sua fatura perder o sono por causa do destino da humanidade. Além de um pouco menos de niilismo, precisamos de uma filosofia complexa da história, na qual, longe dos simplismos, se reconheçam linhas de progresso coexistindo com regressões, a saber, desigualdade social crescente, crises econômicas, agressões ao meio ambiente e ameaças à sobrevivência da espécie.

Outro ideólogo da direita, universitário e jornalista, é Luiz Felipe Pondé. Eu cheguei a conhecê-lo há bastante tempo: participei da banca em seu concurso de qualificação para o doutorado. Até onde me lembro, o seu trabalho em história da filosofia era sério. Pondé se caracteriza, por um lado, por fazer, com o grande público, aquilo que os franceses chamam "acariciar no sentido do pelo". Dessa forma, em uma de suas crônicas, sugeria, mais ou menos assim, que os críticos de esquerda, ateus e infensos ao casamento, não tinham o sentimento de segurança que têm os que creem em Deus, e se privavam, por instabilidade afetiva, das delícias do amor monogâmico e da vida de casal. Poderia responder, no que me concerne, que prefiro enfrentar com coragem a ideia do nada que se segue à vida a apelar para um mito consolador. Parece-me uma atitude mais corajosa. Quanto ao amor e ao casamento, talvez pudesse ser lembrado que algumas das grandes figuras da história da esquerda foram gente muito apaixonada e "romântica" no sentido usual, e que é tolice supor que a esquerda não acredita no amor... Mas a função do discurso do ideólogo é a de tranquilizar o bom cidadão conservador. A crença do cidadão conservador em Deus não teria nada de supersticiosa e seu casamento representaria, apesar dos problemas, a melhor solução possível. Seria mesmo assim?

A prosa de Pondé tem outra vertente, que completa essa primeira, e talvez esteja mais ligada a ela do que parece. Pondé gosta de assustar e escandalizar (*épater*) o leitor. Nesse sentido, é uma espécie de Žižek da direita, em versão brasileira. Isso é visível na sua relação com a violência. Não que ele a justifique. Mas ele joga com a violência, abusando das fórmulas provocadoras. Assim, faz o elogio das réplicas de lady Macbeth legitimando a violência do marido; ou desenvolve um estranho discurso "pró-mulheres", em que convida os jovens a defender as meninas contra violências, na base da porrada... Quanto às fórmulas dúbias, ele pede, por exemplo, que se respeitem os terroristas. Depois se descobre que o que quer dizer é apenas que a violência está por toda parte. Daí a minha comparação com Žižek e suas afirmações do tipo: "Hitler não foi suficientemente violento". De fato, de forma análoga, o leitor de Žižek, num primeiro momento assustado pelas fórmulas proferidas *pour épater le lecteur*, é tranquilizado em seguida quando o autor nos explica que ele queria dizer "apenas" que Hitler foi um falso radical, que ele foi incapaz de chegar até a liquidação do capitalismo. Nos últimos tempos, o discurso de Pondé, que misturava Burke[12] e temas ambíguos, se apresenta de forma menos impura, como uma fala de simples defesa da tradição teórica liberal. Só que a esquerda — a melhor, pelo menos — nunca desprezou essa tradição.

Examino ainda uma última figura: Denis Lerrer Rosenfield, filósofo que escreve para *O Estado de S. Paulo*. Conheci Rosenfield muito bem anos atrás, em Paris. Ele fez sua tese francesa com o mesmo diretor que eu, e foi por sugestão deste último que ele se pôs em contato comigo. Quando o conheci, ele frequentava um grupo de extrema esquerda. Hoje, escreve coisas do tipo: "Ora, trata-se de uma ideia [a ideia de "esquerda"] fundamentalmente religiosa, dogmática, pois a experiência histórica mostra que a realização das ideias de esquerda culmina sempre no totalitarismo, no desastre econômico, em políticas liberticidas, quando não no assassinato coletivo de milhões de cidadãos".[13] O que não funciona nesse argumento? Rosenfield supõe que *as ideias de esquerda* conduzem necessariamente ao totalitarismo e ao genocídio. Se é assim, a democracia é impossível. De fato, a democracia só é pensável se se admitir a alternância. E esta, normalmente, se faz entre a direita e a esquerda. Ora, se, como pretende Rosenfield, a esquerda tem necessariamente vocação para o totalitarismo — que é a negação da democracia —, a alternância se torna inadmissível. Será preciso evitá-la, porque ela oferece risco à democracia.

É como se alguém de esquerda dissesse (há os que o dizem, mas eu sempre condenei aqueles que se expressam assim) que quem é de direita é necessariamente fascista, ou pelo menos potencialmente fascista. Esta é uma afirmação igualmente totalitária, pois também recusa a democracia; só que pela esquerda. Tudo para dizer que não só a tese de Rosenfield é falsa — há muita esquerda que não tem nada de totalitária, esquerda que foi, inclusive, muito reprimida pelos poderes totalitários —, mas é precisamente essa tese que, pelas razões indicadas, é inequivocamente totalitária. Curioso destino o desse universitário. Qualquer que seja a opinião que se possa ter a respeito dos seus livros teóricos, escrever trabalhos universitários sobre Hegel exige não só algum rigor de raciocínio, mas também certa medida no julgamento. Isso não impediu, entretanto, que ele se tornasse não apenas alguém que pensa à direita, mas, o que é bem diferente, um espírito intolerante, que, visivelmente, se insere mal na ordem democrática.

A maioria dos ideólogos da nova-velha direita — trânsfugas da esquerda, frequentemente — opera, em seus ataques, uma espécie de homogeneização de todo o campo da esquerda. Assim, Reinaldo Azevedo não para de afirmar que não há diferença entre um esquerdista de tipo stalinista e um homem de esquerda de espírito democrático. Isso é evidentemente absurdo. De minha parte, não confundo extrema direita com direita. A igualização não tem rigor. É como se ele dissesse, por exemplo, que entre Andrei Jdánov, teórico stalinista do realismo socialista, e Cornelius Castoriadis, pensador greco-francês de esquerda libertária e democrática, não há diferença essencial. Qual o erro de tal afirmação? O erro está em que entre esses dois existe um abismo: o totalitarismo. Um é totalitário e o outro, não. Essa diferença é essencial. Como desenvolvi em outros textos, ela é tão importante quanto a oposição entre esquerda e direita, embora não venha a abolir esta segunda polaridade.

Também no tratamento de tendências ou de partidos, o impulso homogeneizador é uma característica de Azevedo. Assim, o PT é lido como um partido cujos militantes têm um perfil mais ou menos idêntico. Isso é falso: há certamente gente de tendência totalitária no PT, mas há também democratas, populistas e um contingente considerável de personagens pura e simplesmente oportunistas. Transformar o PT em instrumento de um complô totalitário é teoricamente falso e praticamente mistificador. Mas, se os ideólogos da direita gostam de homogeneizar coisas que são heterogêneas, eles também incorrem na violência oposta: estabelecem assimetrias lá onde elas não existem, ou, pelo menos, onde não existem assimetrias essenciais. Assim, Reinaldo Azevedo bate na tecla de que, se há corrupção por todo lado, a do PT é sistemática e visa fins bem precisos (fins que, para ele, são evidentemente totalitários). Ora, se é verdade que as práticas de corrupção implementadas por gente daquele partido não representam simples "erros", mas são, de fato, sistemáticas, é falso dizer que, no outro lado, não existe sistema, apenas erros. Na realidade, a roubalheira praticada pelo "outro lado" — refiro-me às estripulias do conjunto dos partidos de centro-direita, de direita ou de extrema direita — também é, à sua maneira, sistemática. Além de encher os bolsos de muitos, ela alimenta máquinas partidárias que asseguram o funcionamento de uma das sociedades de maior desigualdade no mundo, a brasileira. Esse lado dos fatos é completamente escamoteado pelos porta-vozes da direita. Tudo se passa como se o único problema fosse a corrupção de certa esquerda, ou mesmo a corrupção em geral. Mas a questão vai além.

Há sempre certa dificuldade em explicar por que alguém se desloca de uma posição política para outra oposta — no nosso caso, da esquerda para a direita, ou mais precisamente da extrema esquerda para a extrema direita. Em alguns casos, a passagem foi muito rápida, o que provocou suspeitas. A explicação do mecanismo desses deslocamentos não é muito simples, mas há pistas que nos aproximam dela. Sabe-se desde os anos 1920-30, pelo menos, que há um caminho relativamente curto que conduz de uma a outra. Alguém que militava em algum grupo dogmático e violento de extrema esquerda não tem muita dificuldade em passar à extrema direita. Ele conserva o dogmatismo, o gosto pela violência. Só elimina o que resta de melhor no grupo que abandonou: os objetivos, pelo menos em tese, igualitários. Quando vejo manifestações da esquerda mais dogmática (por exemplo, as manifestação visando a impedir que a dissidente cubana Yoani Sánchez falasse), fico pensando que, daqui a uns dez ou quinze anos, alguns daqueles manifestantes estarão na extrema direita. Na figura de alguns dos mais fanáticos, vejo os reinaldinhos dos anos 2030.

Talvez a passagem da extrema esquerda à extrema direita merecesse uma análise mais detalhada. A violência dos discursos da nova(-velha) direita tem, certamente, alguma coisa a ver com essa transição. Para alguém que usufrui das vantagens advindas de ser membro da classe média, ou ainda acima dela, é sempre um salto se engajar numa posição de esquerda. Faz-se aí uma espécie de pacto de solidariedade com os explorados e oprimidos. Aquela gente cuja trajetória discutimos aceitou esse pacto em determinado momento, mas depois rompeu com ele. Creio que a violência resultante ocorre por um acúmulo de ódio que vem de três fontes, todas ligadas de algum modo a essa ruptura. Primeiro, há ódio por ter dado o passo em direção à esquerda. É que, no geral, pelo menos, ele exige generosidade, coisa que eles descobrem que não têm. Como foi possível, então, o engajamento? Eu disse que ele é fruto de um pacto que, *em princípio*, exige certas qualidades; mas, em muitas circunstâncias, e principalmente no tempo em que a esquerda era realmente hegemônica, o engajamento se fazia por uma espécie de "hábito" ou de imitação da maioria. Assim, muitos nunca tiveram a oportunidade de confrontar o seu caráter mais profundo com aquilo que implica adotar uma posição de esquerda.[14] A segunda fonte da violência — de violência e de dogmatismo —, vem, como já vimos, do próprio conteúdo das crenças que eles professavam anteriormente. Sem dúvida, nem todos vêm do stalinismo, mas, de qualquer modo, há dogmatismo e violência suficientes no leninismo, por exemplo, para que eles possam carrear aquelas antigas energias para o moinho da extrema direita. Em terceiro lugar, o ódio vem do próprio mundo burguês. Cada burguês ordinário não só é muito cioso dos seus privilégios, mas despreza os escravos e tem um ódio particularmente violento de todas as tentativas de rebelião. Não há nada mais intolerável, para ele, do que as revoltas de escravos. O ódio que destilam os escritos e as falas dos nossos heróis do pensamento de extrema direita é, a meu ver, um ódio de classe, herdado de uma extrema esquerda mais ou menos delirante e convertido em "ódio de direita", mas também ódio de si mesmo, por ter cedido a alguma coisa que, em condições normais, exige generosidade.

Seja como for, fica claro do que foi dito quais são as armas da direita. Ela explora a fundo o totalitarismo de esquerda e o populismo. Ela se alimenta dessas duas patologias, que, na sua forma geral, não são patologias exclusivas da esquerda. Mas parte da esquerda enveredou por aí e, com isso, deu um espaço de manobras para a extrema direita. Esse fato basta para mostrar quanto o combate às duas deformações é essencial à esquerda. Não quero dizer com isso que a direita ficaria boazinha diante de uma esquerda democrática hegemônica. Na realidade, ela conspiraria, e é até possível que se tornasse ainda mais violenta, pois, naquelas condições, a ameaça à sua dominação seria maior. Porém, não conspiraria nas condições relativamente favoráveis em que o faz atualmente. A esquerda teria condições muito melhores para ganhar a batalha.

3. Crise das patologias e crise da esquerda

CRISE MUNDIAL DAS PATOLOGIAS. O QUE HÁ DE VIVO NA MELHOR ESQUERDA

O grande acontecimento do final do século XX foi a crise do "comunismo". O império "comunista" se desintegrou com a queda do Muro de Berlim, a União Soviética se desfez, regimes comunistas foram derrubados, muitos, como nos países da Europa Oriental, por movimentos pacíficos. Restaram "ilhas" comunistas (uma delas, Cuba, também em sentido geográfico), algumas com regime ortodoxo, senão hiperortodoxo, como a Coreia do Norte, outras articulando um neototalitarismo leninista-stalinista com uma economia de tipo capitalista. A China é evidentemente um exemplo à parte, porque ela é hoje a segunda economia mundial.

Mas não houve apenas a crise do "comunismo". A social-democracia europeia também entrou num processo crítico, embora de um tipo um pouco diferente: ela se tornou cada vez menos reconhecível enquanto força de contestação do capitalismo. Blair, na Grã-Bretanha, e Schröder,[1] na Alemanha, lideraram esse processo. A social-democracia não se decompôs com essa mudança, mas perdeu, sim, o seu caráter de força política da esquerda, o que é reconhecido mais ou menos universalmente. Porém, mais: pelo menos em alguns países da Europa (Espanha e França, por exemplo) ela também se enfraqueceu. Assim, se houve crise do "comunismo", houve também, ainda que de modo um pouco diferente, crise da social-democracia.

O populismo também entrou em crise (nesse caso, houve claramente perda de poder): Chávez encontrou dificuldades crescentes, e, depois da sua morte, o regime não se estabilizou; o processo descendente do peronismo se intensificou com o destino dos Kirchner; o lulismo — se for válido caracterizá-lo como um "populismo atípico" — entrou em parafuso; para dar três exemplos.

No entanto, as dificuldades que as patologias da esquerda encontraram — levando, no caso de uma delas, ao que pode ser considerado liquidação — são positivas ou negativas para uma esquerda autêntica (nem totalitária, nem adesista, nem populista)? O problema é, em si mesmo, complicado, mas para começar importaria distinguir cada figura patológica e as singularidades dentro delas.

O fim do totalitarismo foi certamente positivo; já a decadência de um partido como o PT é um fenômeno cujo significado é bem mais ambíguo. É preciso considerar quem entrou no lugar dos partidos, movimentos e líderes totalitários, dos adesistas (quando estes foram derrotados eleitoralmente), ou dos populistas e semipopulistas. Infelizmente, o lugar que ocupava a esquerda deformada foi preenchido pela direita, e não por uma expressão qualquer de uma nova esquerda. É o caso dos governos adesistas da Europa Ocidental. E, geralmente, o que aconteceu nos países do Leste Europeu. O caso da China é especial, como já vimos, mas também confirma o que estou dizendo: no lugar do maoismo não veio a democracia socialista, mas uma espécie de capitalismo totalitário.

A mesma coisa aconteceu com os populismos e semipopulismos — ver o caso da Argentina e o do Brasil —, mas as implicações políticas são diferentes, precisamente porque não se trata de totalitarismos. A luta contra o impeachment que beneficiaria — e beneficiou — a direita se impôs no Brasil criando em torno de si uma espécie de frente única. Ora, com razão, ninguém pretendeu fazer uma frente única com Ulbricht[2] ou Jaruzelski[3] para salvar o regime. Entretanto, mesmo no caso dos populismos típicos ou sui generis, o juízo político a fazer sobre a situação é complexo.

Assim, a derrota de certa esquerda (quase fictícia, no caso do totalitarismo) significou — o que não é uma tautologia, pois poderia sobrevir uma esquerda autêntica — a vitória de uma direita mais ou menos radical. Ainda menos tautológica e menos inevitável foi a ofensiva ideológica da direita que se seguiu àquelas derrotas. Apesar das crises que assolaram o sistema capitalista mundial nas últimas décadas do século xx, e nas primeiras do século xxi, a direita — após períodos breves de pânico e de defensiva — conseguiu impor o seu programa econômico e político, que pode ser resumido pelo conceito de neoliberalismo. Privatizações, liberdade para o capital, baixa inflação, compressão salarial, Estado intervencionista só quando se trata de proteger a "livre-iniciativa" etc. Emergiu também uma espécie de filosofia construída a partir da tradição liberal, ou, antes, surgiram quase filosofias, todas dependentes do liberalismo econômico, algumas de tipo mais moderno que aceitam certos avanços no plano dos problemas de "sociedade", outras marcadas por ideologias francamente reacionárias em todos os planos. Isso produziu, e continua produzindo, um imenso barulho midiático. Com todo esse ruído, parte dessas ideias da direita foi incorporada ao "senso comum".

Contudo, esse quadro toma uma nova figura com a vitória de Trump. Há uma frente populista de extrema direita, mais ou menos organizada, ou que vai se constituindo, em nível mundial.[4]

Observe-se que, do ponto de vista econômico, esta toma alguma distância em relação ao neoliberalismo, ou o "complica". Sem deixar de obedecer a alguns dos seus preceitos, ela o flexiona no sentido de um capitalismo burocrático e em alguma medida intervencionista. Mas, nas suas duas faces, são as classes dominantes que faturam.

Entretanto, é preciso deixar bem claro que, tanto na prática como na teoria, a ofensiva da direita não deixou de encontrar resistência. No plano imediatamente político, apareceram, nos últimos anos, algumas organizações independentes de esquerda que tiveram sucesso pelo menos temporário. A mais importante delas, Syriza, foi derrotada, mas, além do fato de essa derrota não ter liquidado a esquerda grega independente, surgiram outras organizações de esquerda radical, sendo a principal delas o Podemos espanhol, cuja força continua intacta apesar de algumas vicissitudes. Fato importante, o candidato à presidência dos Estados Unidos pelos democratas, Bernie Sanders, cujo programa social-democrata era por si só uma pequena bomba na atmosfera conservadora da política americana, teve grande sucesso, principalmente entre os jovens, mesmo se não pôde obter a investidura. Em conexão com essas organizações, ou de forma independente, foram muitas as manifestações antissistema pelo mundo afora. Occupy Wall Street, Nuit Debout, o próprio Podemos, antes de se cristalizar em partido, além de inúmeras mobilizações antirracismo, anti-homofobia, feministas ou ecológicas (nem todas se situavam claramente à esquerda, mas, em geral, elas vieram engrossar, direta ou indiretamente, o caldo da esquerda).

Hoje, as lutas ecológicas e pelos direitos das minorias (ou das mulheres, que não são minoria) tendem a ser, e devem ser, uma bandeira maior da esquerda. Elas são tão relevantes como a luta anticapitalista, com a qual, de resto, frequentemente convergem. Salvo exceções, cada um desses movimentos é, em si mesmo, pequeno, mas o conjunto é impressionante. Tem-se a impressão de que, mesmo se de forma dispersa, há no mundo inteiro um sobressalto geral contra o sistema.

Não faz muito tempo, teóricos neototalitários como Badiou e Žižek se autocongratulavam pelo sucesso e reivindicavam algo como uma hegemonia intelectual no campo da esquerda. Se isso alguma vez foi verdade, não é mais. Na França, na Alemanha, na Grã-Bretanha, nos Estados Unidos, as obras críticas principalmente no campo da economia e da política vão se multiplicando.[5]

Tanto as mobilizações sociais como a produção teórica têm as suas debilidades. Se houve bastante progresso no que se refere à recusa do totalitarismo, há ainda alguma confusão em relação ao populismo, mesmo se também aí há avanços. Se tomarmos o caso do Podemos — sem entrar nos detalhes da discussão interna de que só tenho informação muito indireta —, é evidente que o movimento sofreu um impacto populista, seja pelas ligações que teve com populismos latino-americanos, seja pela influência de ideólogos pró-populistas como Ernesto Laclau,[6] se é que esses dois fatores negativos não vieram juntos. Creio que a influência do pensamento de Laclau foi o pior fator no interior da experiência do Podemos, mas há sinais de que o movimento vai se libertando desse peso negativo. Esse tipo de dificuldade aparece também em um movimento e partido de esquerda francês, por ora pequeno, chamado Nouvelle Donne, cujo desenvolvimento pude observar de perto. Ele tem um programa ecológico, um projeto original para a Europa, uma proposta de investimento público principalmente em moradias populares e um plano de partilha do tempo de trabalho quase sem redução de salário, com o Estado cobrindo a diminuição do lucro das empresas através das verbas das prestações-desemprego que a partilha do trabalho libera. Para completar, é, sem ambiguidade, um movimento de fundo democrático. O limite desse movimento está, a meu ver, no fato de que, pelo menos até aqui, à maneira do Podemos, não se declara nem de direita nem de esquerda, embora seja notoriamente — e, me parece, no melhor sentido — de esquerda. Essa postura tem ares de antissectária e inovadora, mas não é nem uma coisa nem outra. De fato, o pior que pode fazer um partido de esquerda é ocultar a sua real natureza; e dizer-se nem de direita nem de esquerda não tem nada de "moderno" como pretendem alguns: é uma conversa populista com mais de um século Esses enganos provêm, aparentemente, de uma espécie de culto do Podemos, movimento que tem muita coisa a ensinar às esquerdas fora da Espanha, mas do qual é preciso incorporar o que ele tem de melhor, não alguns traços negativos que, se espera, está deixando para trás.

Sobre o caso Sanders, há que destacar o sucesso surpreendente de um programa socialista de tipo social-democrata num país que sempre supusemos infenso a ideias socialistas de qualquer matiz. Sanders se apresentou com um programa de *welfare state*, propondo um sistema avançado de seguridade social, a gratuidade do ensino universitário, novas regras fiscais e assim por diante. O sucesso de Sanders, que, entretanto, não ganhou a corrida pela candidatura a presidente pelos democratas, mostra como, ao contrário do que muitos pensam — tanto gente do lado de lá como do lado de cá —, a ideia socialista, no bom sentido da palavra, não está morta.

Passo rapidamente sobre o que falta no plano da atividade teórica. Além de uma tendência a omitir toda discussão em torno do problema das vias de acesso ao poder, assim como a propósito do programa de um governo de esquerda (talvez por causa das dificuldades que essas questões oferecem), o que está faltando na produção teórica é, a meu ver, um trabalho com vistas a uma reformulação radical dos fundamentos, tanto no plano da crítica da economia política como no plano filosófico mais geral.

TRAJETÓRIA NO BRASIL DOS NEOTOTALITARISMOS E DO POPULISMO

O microcosmo brasileiro em parte reflete o macrocosmo, em parte tem características próprias. Como vimos, a decomposição do "comunismo" se refletiu, entre nós, na decadência do PCB, partido que era hegemônico na esquerda brasileira. Já nos anos 1960, ele enfrenta uma cisão "chinesa", que dá origem ao PCdoB. Mais tarde, ele passa por novas cisões e perde a maioria dos seus militantes. No entanto, surgiram ou continuaram a existir outros grupos de extrema esquerda, neoleninistas e neotrotskistas, ou neostalinistas. A esquerda brasileira neototalitária ou neoautocrática reapareceu, em forma mais ou menos atomizada, nos anos que se seguiram ao final da ditadura.

O populismo no Brasil — aceitando uma definição ampla do termo — teve dois ciclos: o getulismo e o PT. O getulismo tem uma longa história. A Revolução de 1930, que pôs fim à chamada República Velha dominada pelas oligarquias de São Paulo e de Minas, foi fruto da mobilização de um conjunto de forças. Ela reuniu parte das oligarquias nacionais, em especial a mineira, que estava descontente com os políticos paulistas; o Partido Republicano Rio-Grandense — o qual se aliou ao seus adversários tradicionais na política do estado, os "federalistas" —, os tenentes, além de partidos e lideranças que representavam as classes médias emergentes. A marca de todos esses setores estará presente no que veio depois, mas Vargas impôs a sua mão forte e acabou liquidando ou incorporando — na realidade, as duas coisas — todos esses movimentos. Nasceu, assim, um populismo que impulsionou o desenvolvimento nacional, deu algumas garantias aos mais pobres que, até 1930, estavam ausentes da política nacional, mas sempre operando de forma paternalista e autocrática.

Se a Revolução de 1930 foi um movimento progressista, o

golpe de 1937 manifestou o lado autocrático e também fascisti-zante do varguismo, sem que desaparecessem os outros aspectos. Tivemos, assim, longos anos de um poder de caráter populista, o qual deu certas vantagens às massas, mas ao mesmo tempo ser-viu bem às classes dominantes, em primeiro lugar à burocracia de Estado. O populismo varguista cai em 1945, vítima das suas próprias ambiguidades, e de uma ofensiva que reunia forças rea-cionárias e setores da classe média ciosos de redemocratização. Vargas volta ao poder em 1950, depois de ter obtido a vitória de Dutra, candidato que ele apoiou em 1945, mas do qual logo se separou. Depois de várias peripécias, que culminaram com o sui-cídio do chefe em 1954, o populismo varguista se prolongou com o governo de Jango, derrubado pelo golpe militar de 1964.

Jango pôs em prática um projeto de reformas, enquanto Brizola, representando a ala à esquerda do movimento, tentava mobilizar as bases, mas no interior de um projeto cada vez mais influenciado por injunções de tipo neototalitário. O projeto jan-guista-brizolista foi posto em xeque pela mobilização das classes dominantes e pela revolta militar. Durante a ditadura, houve uma oposição legal, e uma mobilização armada influenciada pelo cas-trismo, que foi aniquilada. A repressão foi de uma brutalidade ex-trema. No fim da ditadura, na virada dos anos 1970 e 1980, a situa-ção era, mais ou menos, a seguinte. Havia dois partidos legais sob a ditadura: Arena e MDB. A Arena deu origem ao principal partido da direita, o PDS, do qual surgirá o PFL. Por sua vez, o MDB, oposi-ção legal, se rebatizou PMDB. Neste último, se formou um grupo social-democrata, que rompeu, em 1988, constituindo o PSDB. O PMDB subsistiu como um partido clientelista, balcão de negócios, como se costuma dizer. O populismo que encarnara o governo de-posto de João Goulart reapareceu na figura do antigo aliado de Jango, Leonel Brizola, que funda o PDT, em 1980. Mas Brizola tem agora um perfil político modificado, bem menos radical.

É esse o quadro em que emerge o PT, fundado também em 1980, momento em que já está em curso o processo de redemocratização. O PT aparece realmente como um partido de novo tipo, que, justificadamente, suscita grandes esperanças na esquerda. É um partido de base complexa, com raízes no movimento sindical, na intelectualidade e nos grupos católicos radicalizados. Sua figura mais conhecida era um líder sindical que se projetara na onda das grandes greves operárias de 1978-9. Elas se prolongariam pelo ano seguinte, quando Lula seria preso. O PT, com a sua militância variada, da qual participavam cristãos, sindicalistas, trotskistas, esquerdistas independentes, entre outros, foi realmente um raio num céu sereno. A esperança não foi pequena, e se justificava. Era efetivamente uma novidade no mundo político brasileiro e na esquerda, porque tinha posições não populistas — diferentemente do trabalhismo varguista ou janguista, ele se apoiava num sindicalismo independente —, antitotalitárias (como já disse, o PT se pronuncia em favor do Solidarność polonês e contra a ditadura burocrático-totalitária) e, em grandes linhas, anticapitalistas.

A recusa das práticas populistas aparece não só no ideal de um sindicalismo independente, mas também na alergia às práticas de corrupção. É a primeira vez que se tem um projeto como esse na esquerda brasileira. Os movimentos contra a corrupção eram em regra apanágio dos partidos conservadores, não da esquerda. E, quando a esquerda não era corrupta, era pró-totalitária, como o PCB. Mas, como se sabe, à medida que vai crescendo, o PT se modifica. O partido aceita, sem maiores escrúpulos, alianças partidárias, o que não acontecia no início, e a antiga exigência de honestidade administrativa vai se perdendo. Enquanto o PSDB faz alianças com o PFL e a direita, além do PMDB, o PT se alia principalmente ao PMDB e ao PCdoB. (Faço abstração da galáxia dos pequenos partidos, que, com poucas exceções, eram ou empresas de carreirismo político ou seitas de extrema esquerda.) Assim, o PMDB se tornou uma espécie de pivô da política nacional e encarnará, mais do que qualquer outro partido, a corrupção endêmica da nossa política. O PT ganha os traços que tem de populismo, seja pela sua política de alianças sem princípios (no centro das quais estão os acordos com o PMDB), seja por ingressar ele mesmo na escolinha da corrupção. Mais adiante, em 2004, há uma cisão de esquerda no PT, em nome de uma posição política mais radical e contra os desmandos administrativos. Surge, assim, o PSOL.

Até os primeiros anos do novo milênio, o PT não aparece como um partido que "vendera a alma". E ele pode exibir bons resultados em alguns mandatos executivos municipais, como o de Luiza Erundina na cidade de São Paulo (mais tarde, houve também gestões estaduais petistas bem-sucedidas). Depois de três fracassos eleitorais, Lula derrota Serra em 2002 e chega finalmente à presidência. A partir da "Carta ao povo brasileiro" (2002), o PT aparece como um partido que procura satisfazer as camadas mais modestas da população, mas tenta ao mesmo tempo compor com as classes dominantes, ou pelo menos setores importantes dela.[7] Aproveitando-se de uma conjuntura internacional favorável, apesar dos diferentes interregnos de crise, o PT navega, com Lula, entre os mais pobres e os mais ricos. Ou, antes, navega com os dois. Seu programa popular, já vimos, é de distribuição de renda (Bolsa Família, valorização do salário mínimo, crédito popular), mas ao mesmo tempo ele não se dispõe a propor nenhuma medida mais profunda, por exemplo, a reforma fiscal; ao contrário, se acomoda com as regras e exigências do sistema. Até aí, se o esquema tem seus inconvenientes, ele permite redistribuição de renda e, em geral, melhoria das condições de vida dos mais pobres. Só que tudo se faz através de um estilo político e administrativo que incorpora e potencia as práticas de alta corrupção imperantes desde há muito na política brasileira. O PT, partido que se propunha moralizar, no melhor sentido, a política nacional, se revela uma organização amplamente comprometida com o laxismo dominante.

Um primeiro escândalo, o mensalão,[8] determina uma grave crise no partido, mas ela é superada. Lula se reelege e, em 2010, consegue eleger a sua sucessora. Embora com dificuldade, Dilma se reelege em 2014, e a política populista sui generis do PT parece seguir o seu curso. Só que a situação econômica se alterou, e não sob a forma de uma crise financeira mais ou menos passageira. O mercado de commodities é atingido pela redução da atividade da economia chinesa. Diante da crise, Dilma hesita entre três modelos: o social, o desenvolvimentista e o liberal (ou, para utilizar a terminologia de Marcos Nobre, o social-desenvolvimentista, o nacional-desenvolvimentista e o neoliberal).[9] Entre outras coisas, tenta uma política de oferta que diminui os recursos do Estado sem contrapartida visível. (Provavelmente, o melhor caminho seria ainda o social-desenvolvimento, mas com algum tipo de acerto que respondesse à situação.) E, no jogo político, Dilma não é Lula. Não tem a mesma facilidade para conciliar contrários, negociando com uns e com outros. Dilma trabalha mal no plano das relações com o legislativo e com as direções partidárias, e, por outro lado, não se dispõe a explicar às suas bases e à opinião pública o sentido da sua política econômica. É a partir daí que se pode contar a história do impeachment.

CRÔNICA DA CONJUNTURA BRASILEIRA DO ANO DE 2016: O IMPEACHMENT

O impeachment é fruto de uma aliança das direitas, a saber, da centro-direita, representada pelos cardosistas; da direita, representada por DEM, PSDB não cardosista (Alckmin) e outros grupos e partidos; e da extrema direita, da qual aparecem várias figuras mais ou menos sinistras, como Jair Bolsonaro. Conforme disseram os próprios participantes, durante um longo período (um ano ou mais, parece) organizaram-se reuniões em que se preparava a derrubada de Dilma. A direita militar esteve pelo menos ciente do que se preparava, e provavelmente bem mais do que isso. Não se pode esquecer também o papel muito importante que tiveram nesse processo as chamadas "classes produtoras", através dos seus órgãos representativos, como a Fiesp. Ao mesmo tempo, jovens representantes do poder judiciário começaram a fazer uma ofensiva contra a promiscuidade entre o poder econômico e o poder político.

Em que medida a direita estava articulada com esse movimento? Duas coisas me parecem certas. Por um lado, as operações do tipo Lava-Jato tiveram e têm certa autonomia, e não são, simplesmente, criaturas da direita. Mas é também evidente que a sua atuação — em si mesma positiva, em princípio, pois se impunha uma ofensiva contra a corrupção endêmica da política brasileira — não foi simétrica. Isso ficou claro no episódio da condução coercitiva de Lula (Lula foi levado a depor "debaixo de vara"), e depois no processo contra Lula, Dilma, Mercadante e o ex-ministro José Eduardo Cardozo, por suposto "entrave à justiça" ao programarem a nomeação de Lula como ministro. A assimetria está também — e aqui não se trata de assimetria no comportamento de um juiz, mas entre diferentes juízes ou instâncias judiciárias — na lentidão com que a justiça se ocupa dos processos em que estão envolvidos políticos da direita, inclusive do PSDB.[10] Apoiada por um movimento de massas com base nos setores mais reacionários da classe média, um pouco no estilo da famosa marcha de 1964, e apesar das contramanifestações da esquerda, que mobilizaram, apenas em São Paulo, aproximadamente 100 mil pessoas, a direita obteve a denúncia de Dilma por parte da Câmara dos Deputados, denúncia em que o seu muito corrupto presidente, Eduardo Cunha, teve um papel relevante.

Muito se discutiu e se discute sobre o processo do impeachment. Houve golpe ou não houve golpe? Em todo processo de impeachment há um lado legal, isto é, um registro jurídico, e um lado político. O que não significa que todas as trocas de presidente através de impeachment sejam igualmente legítimas. Há que examinar um lado e o outro. Há também certa imbricação entre esses dois lados. No caso de Dilma, juntando os dois aspectos, acho que os elementos de que dispomos para julgar seriam os seguintes: o que diz a Constituição, o que dizem as leis que regulam ou regulariam o impeachment, as circunstâncias em que se abriram o processo e seu andamento, a maneira pela qual o problema foi tratado pelo menos desde o fim da ditadura militar, e o que Dilma Rousseff realmente fez.

Os partidários do impeachment se valem principalmente da lei que regula o instituto (de 10 de abril de 1950, número 1079), e da Lei de Responsabilidade Fiscal (de 2000), a qual, num dos seus artigos, modifica a lei 1079. A Lei de Responsabilidade Fiscal declara a responsabilidade, em especial do poder executivo, em uma série de situações envolvendo o crédito do Estado e, em geral, no uso do dinheiro público. Como ela também modifica a lei de 1950, esses dispositivos relativos à "responsabilidade fiscal" legislariam sobre crimes de responsabilidade. Mas surge aqui uma série de problemas. Por um lado, o enquadramento dos atos imputados a Dilma no que preveem os dispositivos das duas leis. A abertura de créditos suplementares para além das metas e as chamadas "pedaladas" — as duas acusações recebidas no processo do impeachment de Dilma — correspondem aos casos previstos pelas duas leis? Além disso, há alguma dúvida a respeito da autoria (no caso das pedaladas, porque os créditos decorreram de decretos assinados pela presidente). Por outro lado, há o texto constitucional. E aí é evidente, como arguiu a defesa, que o impeachment é tratado como alguma coisa de muito excepcional. Não é uma decisão qualquer, mas um ato que derruba um governo, e nesse sentido seria comparável a medidas como a intervenção nos estados, ou o estado de urgência. Como argumentou a defesa, esse caráter excepcional aparece no artigo da Constituição de 1988 que trata do problema (art. 85), principalmente no fato de que, ao indicar as razões que justificariam a medida, o texto emprega o termo "atentar". Esse termo é mais forte do que "transgredir" ou mesmo "violar", e sugere que, mesmo se as ações da presidente puderem ser enquadradas nos casos previstos pela lei, isso não bastaria para legitimar a destituição de Dilma; seria preciso que se configurasse um verdadeiro "atentado". Na realidade, há um descompasso entre o que diz a Constituição sobre o impeachment e os artigos de lei que pretendem regular os dispositivos constitucionais. Falou-se mesmo numa inconstitucionalidade desses artigos. A verdade é que, por uma razão ou por outra, a Constituição valeu até o impeachment de Dilma. De repente, decidiu-se seguir o caminho contrário. A defesa insistiu nesse ponto, declarando que a presença do verbo "atentar" no texto constitucional implicaria a presença de "dolo" nos atos da presidente (não sei se "dolo" é o termo que se impõe aqui, mas a exigência de que tivesse havido um "atentado" implica certo tipo de intencionalidade "forte", e não a simples presença de uma transgressão delituosa ou, talvez, de um crime).

Porém, além de tudo, há que analisar as circunstâncias, e estas são de duas ordens. Primeiro, as condições em que se fez a acusação e em que ela foi recebida. O impeachment foi preparado, segundo o que declararam a posteriori os próprios protagonistas, por reuniões regulares de políticos da direita e da centro-direita, que estudaram cuidadosamente os melhores caminhos para obter a destituição da presidente. Até aí, nada de muito grave, embora o lado "complô" do processo vá ficando evidente. Depois, assinado por três pessoas, como permite a lei, o documento foi entregue a um presidente da Câmara envolvido num rumoroso processo de corrupção. Feitos os cálculos — e tudo isso de forma visível, sem que o protagonista se mascarasse —, ele o aceitou, dando entrada ao pedido. O documento foi, assim, submetido à Câmara e depois aprovado numa reunião ruidosa e folclórica, que configurou a denúncia contra a presidente. Assim, o processo, já duvidoso no seu conteúdo, foi visivelmente viciado em termos morais e políticos, senão jurídicos, dada a forma em que foi encaminhado (ver a discussão de ordem jurídica, lançada pela defesa, a propósito dos *fins* da iniciativa de Eduardo Cunha).

A outra circunstância a analisar é a maneira pela qual os tribunais competentes (e também o país) lidaram com as duas leis que direta ou indiretamente tinham ou poderiam ter a ver com o impeachment. A questão é: depois da promulgação da primeira e, mais tarde, da segunda lei, e até o processo contra Dilma, praticaram-se atos do tipo "pedaladas" ou aberturas de "créditos suplementares"? Parece que não há dúvida a esse respeito, tanto no plano federal como nos planos estadual e municipal. Ora, esses atos em algum momento levaram a um processo de impeachment? Não. Dir-se-á que o volume das operações, pelo menos no caso dos governos federais, era muito menor do que as imputadas a Dilma. A julgar pelo que dizem os jornais, ele corresponderia, no caso de Dilma, a mais ou menos dez vezes o que se poderia imputar a Fernando Henrique Cardoso, e a mais ou menos cinco vezes o que se imputaria a Lula. Diferenças quantitativas podem implicar uma diferença de qualidade, mas nem sempre é esse o caso, e aqui é duvidoso que o seja. Na realidade, descobriu-se de repente a ilegalidade de certas medidas. Dir-se-á que se antes do descobrimento das grandes fraudes do tipo "mensalão" ou dos escândalos denunciados pela Lava-Jato houve atos análogos que não foram denunciados nem seus agentes punidos, isso não impede que hoje se denunciem e se punam os culpados. Os abusos do passado não justificam os do presente. Mas o argumento não procede, porque se trata de duas coisas bem diferentes. Num caso, tem-se, sem ambiguidade, crimes previstos pelo Código Penal. No outro, a imputação aos responsáveis por certo número de manipulações — as chamadas "pedaladas" somadas à abertura de créditos suplementares sem previsão de meta — de um "crime de responsabilidade" que acarretou um processo de impedimento. Dados as dificuldades da imputação e o fato de envolver algo tão grave como o afastamento de um presidente (as duas coisas, aliás, em parte, coincidem), a analogia é forçada: as decisões do passado têm, nesse caso, um peso específico para avaliar a validade das decisões do presente.

Em suma, os partidários do impeachment partem de certo arcabouço judiciário minado por uma série de razões de natureza política, mas também jurídica. Razões (principalmente) políticas: o fato de que se descobriu de uma hora para outra que "pedaladas" implicavam "crime de responsabilidade" e impeachment, e o fato de que o processo se fez em condições escandalosas, com um presidente da Câmara ultracorrupto negociando a aceitação do pedido em troca da sua "lustração". Razões jurídicas: o que diz a Constituição. O impeachment é decisão excepcional, excepcionalíssima mesmo, que exige nada menos do que atos que "atentam" contra a Constituição. Ora, os atos que Dilma praticou, regulares ou irregulares, têm muito mais cara de "manobras contábeis" — praticadas, ademais, por muitos outros titulares de cargos no executivo — do que de "atentados" à Constituição. E o resultado do processo tem algo de escandaloso. Em nome da lisura administrativa substitui-se Dilma por Temer (e, no primeiro momento, por Temer e Cunha), assim como, no plano partidário, sai o PT e entra o PMDB...

Afinal, quem é mais suspeito em tudo isso? Parece não haver dúvida de que o processo foi mais uma manobra política do que o cumprimento de uma exigência de ordem jurídica. Foi, aliás, o que percebeu a imprensa do mundo inteiro, pelo menos toda imprensa suficientemente crítica. Quando um articulista que conheço bem se queixa, nas colunas de um grande jornal paulistano de direita, da incompreensão da imprensa internacional, ele deveria meditar sobre duas coisas: primeiramente, sobre o fato de que a imprensa internacional, com razão, costuma raciocinar com bastante sutileza quando se trata de analisar um evento político dessa importância; em segundo lugar, que ele próprio, que não é só jornalista, mas também um cientista político arguto, dificilmente teria opinião diferente da imprensa internacional se se tratasse de um affaire localizado não no Brasil, mas na Europa ou em algum outro lugar distante.

A meu ver, houve manobra política. Mas uma manobra política para derrubar o presidente da República, sem base jurídica suficiente, deve ser chamada de golpe, ainda que golpe brando, jurídico ou o que for. Aliás, essa parece ser, cada vez mais, a forma moderna dos golpes. Caneta em vez de tanques. Em lugar da mobilização do Exército, a instrumentalização do poder judiciário, que vem a ser sacralizado. A propósito, como é curiosa e enganadora a palavra "Justiça", com J maiúsculo... Afinal, se trata de um entre os três poderes da República, cujos titulares podem errar e, por isso mesmo, podem ser criticados (embora não se possa tocar, salvo circunstâncias especiais, na "coisa julgada"). A sacralização do poder judiciário é a cereja no bolo dos processos desse tipo. De fato, eles se constroem em três "momentos": enquadramentos jurídicos duvidosos e arbitrários; formalismo — abstraem-se as circunstâncias —, o que, diga-se de passagem, não é do estilo do direito moderno (a arbitrariedade do enquadramento já se faz em parte, através do formalismo); e sacralização da "Justiça". Talvez se possa acrescentar, no caso, uma circunstância não decisiva, mas que também pesa. Se uma maioria esmagadora da população fosse favorável a esse desfecho, a decisão não se justificaria, mas a gravidade do caso estaria, certamente, atenuada. Ora, o que se fez foi algo muito sério: votar um impeachment juridicamente duvidoso, diante de uma opinião pública dividida. Como disseram alguns, produziu-se uma ferida que não fechará tão cedo.

CRÔNICA DA CONJUNTURA BRASILEIRA DO ANO DE 2016: A ESQUERDA DISCUTE O IMPEACHMENT

A discussão sobre o impeachment foi muito interessante e difícil para uma esquerda crítica. Era essencial condená-lo pelas razões expostas, mas se impunha fazer a crítica ao PT. Como manter essa dupla atitude? Na prática, não foi nada fácil. A palavra de ordem "fora Temer" foi anexada pelo PT. Aqueles inimigos do impeachment que eram críticos ao partido tiveram dificuldade em fazer valer a originalidade da sua posição. E isso tanto mais porque o PT, evidentemente, não fez nenhum esforço para que as diferenças aparecessem. Se ele não recusou a presença, na campanha, de publicistas e universitários não petistas — tinha interesse nisso —, fez de tudo para que a especificidade da posição destes ficasse mais ou menos diluída. Assim, quando não petistas eram convidados a falar em atos públicos anti-impeachment, a sua intervenção era, às vezes, a "ultimíssima": só lhes davam a palavra quando já não havia quase ninguém no auditório. Felizmente, vídeos — que apareceram, aliás, bem depois dos de outros participantes, em alguns casos, nunca apareceram — garantiram (ou salvaram) a publicidade das intervenções. Em outros eventos, intelectuais não petistas descobriam, surpresos, que entre os convidados para o debate estavam administradores de empresas estatais, prontos, ao que parece, a garantir a inocência dos seus pares. Em geral, devo dizer por experiência própria que não foi fácil participar desses eventos, embora a decisão de participar tenha sido correta. Com o "arroz" dos pronunciamentos anti-impeachment tínhamos que engolir, em grandes quantidades, o "sapo" de um discurso petista mais ou menos mistificante. Mas esse é, em geral, o preço das frentes únicas — o que não significa que todas as frentes únicas sejam justificáveis.

Quanto ao teor das intervenções nesses debates da esquerda, se já me manifestei criticamente, é preciso dizer que nem tudo foi negativo. A discussão foi de bom nível, embora, no meu entender, faltasse muitas vezes às intervenções uma perspectiva mais universal, e elas revelassem um apreço excessivo pelas ideias tradicionais da esquerda. As duas coisas convergiam. Apareceu pouco a consciência, que o marxismo não fornece, de que, em termos mundiais, vivemos um período pós-totalitário — um "pós" inclusivo, como escrevi —, circunstância cuja consideração é, a meu ver, essencial para entender qualquer problema do nosso tempo. E a isso se somava certo ranço marxista também a propósito de outras questões. Assim, no que concerne à situação no Brasil, às vezes se dava de barato que haveria, por parte de tais ou tais classes, um projeto pelo menos potencial de mudança política radical. No entanto, a tese se fundava no que revelavam direta ou indiretamente os fatos ou repetia o que vinha escrito em certos livros (os nossos clássicos do século xix)? No mesmo sentido, o tratamento da corrupção foi frequentemente de um estilo arcaico. É inútil tentar entender a corrupção do sistema brasileiro a partir de certas figuras do *18 brumário de Luís Napoleão*, de Marx. Para tal fim, esse texto clássico serve pouco. Apesar de tudo, entretanto, o balanço geral dos debates foi positivo.

4. Reconstruir a esquerda: projetos e programas

PERSPECTIVAS E PROJETOS

Diante dessa situação, impõe-se a pergunta clássica, que não foi apenas a daquele líder bolchevique bem conhecido (cuja prática política aprecio pouco), mas que foi formulada muitas vezes, antes e depois dele, inclusive por gente politicamente muito diferente: que fazer?

A esquerda brasileira precisaria em primeiro lugar de outro tipo de discurso, que se poderia definir como um discurso de *verdade*. Até aqui, essa esquerda vem marcada por um estilo profundamente religioso. Temos um sistema de crenças que nada pode abalar. Nem a realidade. Há gente de esquerda que duvida do mais óbvio, com o que revela um medo/pânico de enfrentar o real. No mesmo sentido, há textos sagrados e santos, principalmente de certo filósofo alemão do século XIX. A retórica faz pendant à religião. De fato, como que se impôs a ideia nefasta de que o discurso político é de ordem retórica, e de que não é necessário ter maiores preocupações com a verdade ao falar de política. O importante seria combater o adversário, como se fosse possível levar adiante esse combate, sem respeito pela verdade. Sempre tive reservas diante da inflação do valor atribuído ao pensamento de Gramsci[1] em certos meios de esquerda brasileiros. Apesar dos seus méritos, Gramsci não serve muito à esquerda de hoje, porque, se ele pensou o totalitarismo de direita, por mais de uma razão não teorizou o totalitarismo de esquerda.[2] E, entretanto, é preciso reconhecer que, apesar de tudo, há um conceito muito atual no pensamento de Gramsci: a ideia de hegemonia. Eu a tomo, despojada das implicações políticas e filosóficas que tinha em Gramsci, como significando simplesmente a exigência de ganhar para a nossa perspectiva – por meios que seriam essencialmente racionais – o apoio de amplas camadas da população. Dir-se-á que a política não se resolve pela razão, mas pelas paixões. Claro que sem os afetos não pode haver ação política nem mobilização. Entretanto, é essencial que o afeto surja sobre o fundo de um discurso tão próximo quanto possível de um discurso racional, embora subsista sempre alguma irracionalidade. Mas que houvesse 80% ou 90% de racionalidade e 10% ou 20% de retórica já seria muito bom. Hoje, eu diria que, em muitos casos, tem-se a relação inversa...

Passando ao que se chamava muito militarmente de "tática", o primeiro problema é saber a quem nos dirigimos e que grupos pretendemos mobilizar. Até aqui, por causa do peso do marxismo, quase que só se pensa nos mais pobres, nos camponeses e nos proletários (ou o grupo que hoje representa o antigo proletariado). É verdade que o grande problema está na situação desses grupos. Os problemas do país só se resolverão quando estes se mobilizarem o suficiente, e na boa direção, de modo a alterar a situação em que se encontram no presente. Mas isso não significa que outros grupos e classes não tenham importância; mais ainda: que outros grupos ou classes não sejam, no futuro imediato, mais acessíveis. Como já indiquei, há no interior das chamadas classes médias um setor notoriamente progressista, composto em parte por gente de formação secundária ou universitária. E existe um imenso grupo que hesita.

Ora, a meu ver, a primeira coisa a fazer em termos da prática política é mobilizar e esclarecer (ajudar a esclarecer) o setor mais avançado da classe média, em parte intelectual. Deve haver a bagatela de uns 5 milhões de pessoas, homens e mulheres, jovens ou menos jovens, de formação universitária, ou de formação secundária ou primária, que têm ideias de esquerda, mas que não se reconhecem nem no PT, nem no PSOL, nem nos partidos de extrema esquerda (para não falar no PSDB). Além desse contingente — e fora um setor claramente reacionário —, há uma massa de alguns milhões que busca se orientar e que não tem uma posição política bem-definida. Em geral, essa massa condena, e com razão, as encartadas da esquerda oficial, em termos de lisura administrativa, mas também não se identifica propriamente com a direita. A meu ver, uma nova esquerda deveria se preocupar imediatamente com esses dois setores. Oferecer a esses homens e mulheres de esquerda, que não têm partido, o discurso mais racional, mais lúcido, e também o mais honestamente informativo sobre a situação brasileira e as possibilidades e perspectivas da esquerda. Com isso, influenciar-se-ia, ao mesmo tempo, o setor hesitante. Essa mudança relativa de direção, que não exclui o interesse pelos mais pobres, significaria por si só uma enorme virada. E se a parte mais avançada da classe média for mobilizada, as possibilidades de influenciar camponeses e empregados pobres, ou operários, aumentaria enormemente.

Sem dúvida, não se deve perder de vista, nesse contexto, os chamados "movimentos sociais", muitos deles sob influência petista. É preciso distinguir — ainda que, no objeto, a distinção nem sempre seja nítida — a base deles, que é realmente popular, e as direções, algumas das quais, principalmente no campo, estão sem dúvida infectadas por uma ideologia dúbia. É preciso insistir nessa diferença, mais nitidamente do que eu mesmo o fiz no passado. Esses movimentos de massa são autênticos, mesmo se é verdade que as direções lhes inculcam uma ideologia neopopulista ou neototalitária. Quanto aos sindicatos, a greve geral do final de abril de 2017 mostra que, apesar das direções burocráticas e de outras insuficiências, eles continuam tendo um papel maior nas mobilizações populares.

A propósito da classe média, ou do seu setor mais avançado — mas a observação que vou fazer tem, creio eu, um âmbito mais geral —, seria preciso se desfazer da ideia de que quase tudo de politicamente importante se passa nos partidos e nos movimentos sociais. É preciso valorizar o papel dos "não organizados" (nem em partido nem em "movimentos sociais" instituídos; gente que, muitas vezes, não participa nem mesmo de movimentos sociais "não instituídos" como as ocupações, por exemplo). Quantos milhares das 100 mil pessoas que foram às manifestações anti-impeachment em São Paulo pertenciam a partidos ou a movimentos sociais? Não tenho aqui os dados, mas lembro que eles representavam a imensa maioria (esse papel dos "não organizados" vale também, é claro e infelizmente, para as mobilizações da direita). A massa não "organizada" vota e se mobiliza e, com isso, não há como negar, pesa sobre o destino do país. De qualquer modo, seria preciso instaurar um diálogo entre os setores mais progressistas da classe média (que deveriam aparecer como força própria) e o melhor dos movimentos sociais, urbanos e rurais.

Aqui seria o lugar de dizer duas palavras sobre as mobilizações de 2013. Uma fração importante das classes médias estava na rua, descontente com a situação econômica e a corrupção. Uma política bem-conduzida talvez evitasse que contingentes dessa massa caíssem nas garras da direita. Houve muita indecisão por parte da esquerda sobre a atitude a tomar diante do conjunto do movimento, indecisão explicável em parte porque ele foi, de fato, complexo. Mas, na falta de uma esquerda independente suficientemente forte, essa indecisão foi marcada por muita confusão. Houve, por exemplo, uma tendência a idealizar os movimentos de massa enquanto tais. Meio século depois das marchas reacionárias de 1964, parte da esquerda esqueceu que também a direita vai às ruas e, com isso, demorou a entender a inflexão que tomava parte das mobilizações. E, quando se deu conta disso, sobreveio, na contraonda, uma tendência acrítica de defesa do governo "popular".Quanto à PM, esta não hesitou. Utilizou sem maiores escrúpulos, contra a multidão, o seu argumento decisivo: o cassetete.

O processo de destituição da presidente da República levou a uma crise do PT, que talvez implique uma nova ruptura. Seria a primeira grande ruptura depois da que teve como resultado o surgimento do PSOL. Se isso ocorrer, teremos mais um grupo ou partido de esquerda. Isso representaria uma nova fragmentação, mas não hesito em afirmar que, apesar de alguns inconvenientes (por exemplo, o que implicam as limitações ao acesso à mídia impostas às pequenas legendas), esse processo poderia vir a ser positivo. De fato, na situação atual, em termos de partidos de esquerda, somos obrigados a optar ou pelo populismo sui generis do PT, ou pelo neototalitarismo, assumido pelos pequenos partidos de extrema esquerda, e que influencia setores importantes do PSOL. Conforme a orientação que iriam tomar aqueles eventuais dissidentes, teríamos, talvez, um novo grupo ou partido de esquerda independente, que se situaria, de certo modo (mas a caracterização não é muito rigorosa) entre o PT e o PSOL Porém, haja, ou não, ruptura no PT, e considerando também que o PSOL está atravessado por divisões internas, é de se prever uma recomposição da esquerda brasileira.

Uma nova tendência na esquerda, por menor que fosse, terá

que enfrentar o desafio de definir um estilo político e um programa. Deverá fixar inclusive os seus objetivos mais distantes. Esse último aspecto se revela indispensável, dada a confusão reinante. No meu entender, seria importante que ela se manifestasse, explicitamente, como estranha a todo projeto comunista. Ela não pretenderia abolir nem o Estado, nem a propriedade privada, nem mesmo todo capital, programa que, como vimos, não é incompatível com o projeto de luta contra o capitalismo enquanto sistema, pois este não subsiste onde há real neutralização extensiva e intensiva do grande capital. O que viria em lugar do capitalismo, convém insistir, deveria ser uma sociedade democrática por excelência, com uma organização econômica fundada em cooperativas, subsistindo a propriedade privada, o Estado e alguns capitais não hegemônicos. Se, assim, enquanto visada, o adversário é desde já o capitalismo, seria utópico pensar que se pode atingir a curto prazo esse objetivo. Digamos que, de imediato, o que visamos é a sobrevivência ou a (re)implantação de um Estado de bem-estar, Estado que está ameaçado por todo lado, se já não foi desmontado. É nesse sentido que os keynesianos, uma tendência que, apesar do que afirma a ortodoxia nacional, tem um peso internacional muito grande, são nossos aliados. É difícil discutir os problemas econômicos, que são sempre mais ou menos técnicos, porém, como disse no início deste livro, há muitas evidências indiretas que permitem o julgamento mesmo por parte de um não especialista.

Em geral, quando a ortodoxia econômica e os partidos conservadores (inclusive o PSDB) dizem "nós", referindo-se aos interesses gerais da nação, esse "nós" é enganoso. Por trás dele, estão interesses específicos de classes ou grupos. Entretanto — eis aí uma dificuldade —, ocorre que em determinadas situações o "nós" pode ser real. De fato, se, na definição de uma política econômica, aparecem, em geral, caminhos alternativos, beneficiando respectivamente tais ou tais grupos e classes, existem casos em que se impõem medidas que interessariam, de uma forma ou de outra, a todos. Uma política anti-inflacionista, embora proposta como sendo de interesse nacional, frequentemente serve a certas classes (principalmente os banqueiros) e desserve a outras (trabalhadores), por causa, por exemplo, dos efeitos negativos que teria em termos de oferta de emprego. Entretanto, quando a inflação atinge níveis estratosféricos, o seu bloqueio se impõe absolutamente, porque ninguém, pobres ou ricos, consegue viver naquelas condições. Era o que acontecia às vésperas do Plano Real. O plano — na forma em que foi apresentado ou em alguma outra forma análoga — se impunha, sem dúvida. Ora, a esquerda, em bloco, não só não acreditou que ele poderia ter sucesso, mas se opôs a ele, radicalmente. Foi, a meu ver, um erro considerável. Isso não quer dizer que a política econômica, que veio em seguida, de valorização excessiva do real, e acompanhada de outras medidas de estilo liberal, tenha sido do interesse de todo o país. Jugulada a inflação, reapareceu o problema das políticas alternativas, separando interesses dessas ou daquelas classes. Desse modo, foi confusa a forma que tomou o debate, misturando elementos de valor diferente. Entretanto, que não se conclua demais desse reconhecimento das situações limite, em que se impõem medidas de interesse universal. Toda tentativa de estabelecer um paralelo entre, de um lado, a PEC que congela as despesas do governo federal por vinte anos e, de outro, o Plano Real é totalmente enganosa. Longe de ser uma resposta técnica adequada a uma situação de emergência, a PEC do congelamento dos gastos é, na realidade, uma medida brutalmente antipopular. Ela não tem nada de técnica e só virá agravar a situação dos mais frágeis. Apesar das denegações dos seus defensores, a proposta prepara astutamente uma política da austeridade que pesará, certamente, sobre os domínios, já carentes, da educação e da seguridade social. A PEC ocupa o lugar que deveria ser preenchido por um programa de verdadeiras reformas — é uma jogada de contrarreforma.

Que medidas deve preconizar a esquerda? Em primeiro lugar, a reforma tributária. A mídia repete, de modo quase uníssono, que o Brasil é recordista em termos de arrecadação fiscal. Diz-se que "se" paga demais ao governo. O problema é saber o que há por trás desse "se". A boa pergunta não é a de indagar se, no Brasil, os impostos são altos ou não. A pergunta correta é a que toma esta forma: quem paga impostos demais no Brasil? Os ricos, os "menos ricos"? Na realidade, as nossas alíquotas de imposto de renda são um verdadeiro escândalo. Uma funcionária modesta paga a mesma porcentagem que paga um banqueiro (quando ele paga...). Do mesmo modo, o imposto sobre a herança e a transmissão de bens é muito baixo. A verdade é que, com isso, há uma verdadeira transferência ilegítima da riqueza do país para as classes favorecidas. Essa imprensa que se queixa dos laxismos em matéria do uso de dinheiro público não fala nada a respeito desse mecanismo de acumulação de riqueza pública nas mãos dos mais ricos. Essa transferência é legal, bem entendido, mas se sabe que há leis muito injustas e mesmo abusivas.

Há ainda outra anomalia. No Brasil, não há imposição sobre lucros e dividendos dos acionistas enquanto pessoas físicas. O imposto desse tipo é perfeitamente normal e não teria nenhum efeito negativo sobre o funcionamento da economia. A acrescentar o capítulo da sonegação fiscal. Trata-se de outro escândalo, que se constata tanto em escala nacional como em escala mundial. Se os governos ocidentais se empenhassem em liquidar de fato os paraísos fiscais, arrecadar-se-ia uma soma superior aos déficits da seguridade social de grandes países da Europa. O cálculo foi feito mais de uma vez. Se houve alguns progressos no plano internacional, impõe-se algo de muito mais radical. Quanto ao Brasil, o silêncio que observam a esse respeito a mídia, os líderes políticos ciosos de "moralidade", o "pato" da Fiesp, bem entendido, e *tutti quanti* é simplesmente revoltante. Fala-se de tudo, menos dos bilhões da sonegação.

Voltando aos impostos, o que é de fato muito alto é, em geral, o imposto sobre o consumo. Mas, aí, seria possível modular a imposição, fazendo, por exemplo, com que a carga maior recaísse sobre os artigos de luxo. De qualquer maneira, apesar das alterações que eventualmente se dariam no plano do imposto sobre o consumo, uma mudança na legislação do imposto de renda e de transmissão de bens implicaria um enriquecimento considerável do Estado, liberando verbas para os dois setores fundamentais: a educação e a saúde. De fato, não haverá progresso real no país sem que os serviços de saúde e a seguridade social funcionem bem. E nada disso é impossível. Quando se necessita ajudar bancos em dificuldades, ou fazer certas despesas suntuárias, o dinheiro aparece. Claro que cabe aos economistas — os economistas críticos, no meu entender — fazer os cálculos precisos, mas a resposta deles é a de que, se esses passos não são simples, eles são realizáveis. Desde que haja vontade política.

Também não é possível que o país continue vivendo com um ensino primário e secundário tão deficientes. Mas, em matéria de educação, o que preocupa as elites é a pretensa ideologização das salas de aula. Talvez haja uns poucos professores que se põem a pregar teses que, de resto, não devem conhecer direito. Mas isso é excepcional. Já a tendência, em geral crítica, dos professores — vejo na imprensa artigos que misturam, de modo sofístico, as *convicções que têm* os professores com a sua suposta *atitude em sala de aula* — se justifica plenamente numa sociedade tão injusta como a nossa. Mutatis "mutandissimo", é claro — mas a comparação vale porque mostra o erro do raciocínio —, teria sentido condenar a "parcialidade" de que teriam dado prova os professores na Rússia do século xix? O que certo jornalismo esquece ou mistifica é que a nossa realidade não é, de modo algum, ela própria "imparcial": sob forma legal ou não, e mesmo se não se trata — longe disso — de servidão e de autocracia, a violência de classe campeia. A intelligentsia honra sua vocação inscrevendo-se contra aquela; trairia a sua vocação se não reagisse como reage. Se há "parcialidade" nessa atitude, é antes uma "contraparcialidade". Em vez da caça às bruxas, teria de haver uma séria mobilização nacional para garantir um ensino de bom nível, atingindo toda a população. Também isso não é impensável nem impossível. Mas não passa pela cabeça do jornalismo bem-pensante, ou, se passa, nunca é o mais importante.

Impôs-se, por outro lado, na ideologia dominante, a ideia de que a privatização é sempre a solução. O demônio seria o chamado "estatismo", obstáculo ao desenvolvimento do chamado "mercado livre e sem entraves", que se supõe sempre profícuo. Esse dogma se tornou mais do que um dogma, é um verdadeiro mito. Mas quem disse que empresas cujo capital majoritário é estatal não podem funcionar bem? Há muitos exemplos disso, no Brasil e fora dele. Na minha opinião, se não se trata de liquidar o setor privado, é muito melhor que as grandes empresas tenham acionariato majoritário do Estado. A alternativa não é "monopólio versus empresa privada livre", é, na realidade, na maioria dos casos, "monopólio público versus monopólio ou oligopólio privado". Criticam-se a intervenção do Estado e a corrupção dos seus agentes. Mas a corrupção pode estar de um lado como do outro. E, sobre as empresas do Estado, em princípio podemos ter algum poder: os agentes do Estado dependem direta ou indiretamente do voto popular. Quanto aos acionistas das empresas privadas, quem pode com eles?

Por outro lado, o assunto não é só corrupção. Os grandes grupos mundiais hoje têm receita superior à de muitos países. Isso dá uma ideia do poder de que dispõem. Esse poder está, de fato, nas mãos de quem? Nas mãos, precisamente, dos grandes acionistas, pois os pequenos não têm, literalmente, voz no capítulo, e também nas mãos dos grandes diretores e presidentes de empresa, que ganham salários que correspondem a algumas décadas de trabalho de seus empregados. Com isso, não quero dizer que o Estado não possa ser também um problema, e ele de fato o é. Mas a solução não é privatizar. É reformar o Estado, e, por outro lado, mudar as empresas. Com relação às empresas de Estado, exigem-se transparência, estruturação democrática e competência técnica.

Por outro lado, há, no Brasil, um setor pequeno, mas não tão pequeno, e sólido, de economia cooperativa e solidária. Este seria o ideal para as pequenas empresas, e um imperativo para as grandes. Onde restassem assalariados, estes deveriam participar da direção da empresa, como devem participar, também, representantes dos consumidores. A observar que o conjunto dessas medidas, e principalmente a reforma fiscal, implicaria um aumento considerável do volume da demanda, o que beneficiaria a economia do país. Quanto às necessárias reformas agrária e urbana, elas deveriam ser feitas sem nenhum tipo de violência contra particulares. A obrigação de ceder parte da sua casa a famílias mais pobres, medida que puseram em prática governos totalitários, é só na aparência uma boa medida. Impor estranhos, mesmo se mais pobres, na sua casa é, de qualquer modo, uma violência. Há outras maneiras de implementar uma reforma urbana, em primeiro lugar, através de um sistema tributário que obrigasse, digamos, o proprietário de uma ou mais dezenas de apartamentos, cada qual, eventualmente, com uma porção de quartos, a pagar uma soma progressiva. A partir de certo ponto, tornar-se-ia economicamente inviável acumular tantas propriedades. Falei das desigualdades econômicas e da dominação ilegítima que provêm do poder e das regalias de acionistas e executivos. Mas há também o capítulo dos abusos na remuneração dos agentes do Estado, que frequentemente decidem eles mesmos qual deve ser o seu nível de salário. Seria preciso dar fim a tais anomalias.

A essas medidas se soma uma agenda ecológica. Não sendo necessária para quem tem outros recursos, e dados os seus riscos, toda exploração da energia de ordem nuclear deve ser abandonada. O abandono do nuclear se impõe, aliás — já disse —, para qualquer país. A exploração das energias renováveis deve substituir a das energias fósseis, o que, além de poupar o meio ambiente, pode oferecer possibilidades econômicas muito grandes. A exploração da energia hídrica deve ser feita na base de um amplo estudo não só ambiental, mas também da possibilidade de economia de energia a partir de um planejamento global das necessidades do país. Assim, sabe-se que, por exemplo, a indústria do alumínio, explorada por firmas estrangeiras, impõe um formidável gasto de energia, que obriga por sua vez a construir a torto e a direito usinas de exploração de energia hidráulica que destroem o meio ambiente e lesam as populações locais, indígenas ou não. Há muitos textos, além de vídeos, feitos no Brasil e/ou fora, que tratam dos perigos da energia nuclear e das possibilidades de exploração racional das energias de origem não fóssil.

No plano político, uma esquerda independente tem de defender a democracia representativa, que é a forma política que se impõe por mais de uma razão (entre elas, a dificuldade de que todos se ocupem constantemente da coisa pública). Formas de participação ou de intervenção direta podem complementar as formas representativas. Mas não as excluem. Uma medida essencial para que a representação funcione bem e democraticamente é a limitação do acúmulo de cargos, não só no espaço, mas também no tempo. Dois mandatos de deputado ou de senador deveriam ser o máximo permitido por lei. Por outro lado, há que garantir, por via legal, a necessária proteção do processo político em relação ao poder econômico, enquanto este último tiver força. No plano das relações exteriores, seria preciso manter uma política de estrita independência. Nenhuma concessão aos dirigentes populistas do estilo de Chávez ou de seus sucessores. Porém, deve-se considerar que, sob uma direção populista — e isso, por si só, pode significar coisas bastante diferentes —, pode haver um movimento popular importante a ser levado em conta. É necessário atentar também para o papel das oligarquias locais. Enfim, é preciso analisar caso por caso, país por país.

No plano mundial, há que enfrentar todo tipo de pressão americana, mas mantendo uma posição firme, e sem ilusões, para com esse ex-emergente neototalitário que é a China e sua quase aliada, a Rússia de Putin. Essas considerações soam talvez como banalidades, mas a tendência a idealizar esse ou aquele governo no plano internacional é de tal ordem que é preciso, pelo menos, uma breve advertência em relação a cada um deles (nas manifestações anti-impeachment, membros de um partido de extrema esquerda chegaram a gritar "viva Putin" [!], e houve até quem — em outro lugar — fizesse o elogio da Coreia do Norte. As advertências valem também para os que baixam a guarda diante dos interesses econômicos dos Estados Unidos, agora, a fortiori, sob a presidência de Trump).

Por outro lado, é difícil não fazer referência a um grande problema nacional. Qual governo se disporá finalmente a levar adiante um plano para a erradicação do grande banditismo, que virou um Estado dentro do Estado no Brasil? A precondição (condição necessária, mas por si só insuficiente) de uma campanha bem-sucedida nesse plano seria uma grande ofensiva — via reforma fiscal, agrária e urbana — contra a desigualdade. Para terminar, observo que as vitórias da esquerda só terão garantias de estabilidade se pudermos contar com forças armadas imbuídas de espírito democrático e progressista. Se as alusões do PT ao que deveria ter sido feito no plano do currículo das escolas militares foram completamente toscas e soaram como provocações (embora não o fossem, realmente), é fato que precisamos promover o espírito democrático e progressista dentro do Exército. Todo país precisa de exército, e o Brasil, mesmo na hipótese de um grande avanço democrático e emancipador, não escapa dessa regra. O Exército brasileiro, como a maioria dos exércitos, não é, apesar das aparências, uma peça monolítica. Dentro dele sempre houve, e continuam a existir, tendências diversas. E isso apesar dos grandes expurgos que sofreu, antes e depois de 1964. Ora, se por enquanto as tendências de direita ou de extrema direita dentro do Exército não parecem dispostas a romper a legalidade, nada se pode dizer quanto ao futuro. De qualquer modo, seria importante estimular as vocações para a carreira militar de jovens com convicções democráticas e progressistas. Não há contradição nesse programa.

5. Reconstruir a esquerda: razões e fundamentos

Os capítulos anteriores se ocuparam sucessivamente das patologias da esquerda, de alguns aspectos da ofensiva da direita, da crise das patologias no Brasil e no mundo (mais a conjuntura brasileira em 2016) e, finalmente, das grandes linhas de um projeto para a esquerda. O presente capítulo, que é o último antes da conclusão, tenta precisar um pouco mais o sentido do projeto e, sobretudo, dar as razões mais ou menos profundas que poderiam legitimá-lo. A partir daí, ele envereda por uma discussão mais geral sobre a significação da esquerda e da direita, discussão que passa pela história prática e intelectual de uma e de outra.

SOBRE O SENTIDO GERAL DO PROJETO. DIFERENÇA DA POLÍTICA MARXISTA

Como Marx continua sendo uma grande referência, começo situando a perspectiva que tracei relativamente ao ideário marxiano. O esboço programático inverte a perspectiva marxista para o longo prazo. Para Marx, o objetivo era o comunismo, o que implicava o ideal de uma sociedade transparente, com a abolição do Estado e da propriedade privada. Para ele, esse objetivo não seria utópico, mas, a longo prazo, realista. Utópico seria, pelo contrário, querer conservar uma forma de mercado com o Estado, mesmo se modificado, ou a propriedade privada de bens de valor relativamente considerável (a casa própria, por exemplo).

Na perspectiva pela qual optei, e que parece se impor à luz da experiência dos últimos 150 anos, tem-se o contrário. O comunismo e a sociedade transparente é que passaram a ser utópicos. E, pior do que utópicos, perigosos, já que o projeto contém germes totalitários. Inversamente, propõe-se — e que não se veja utopia nisso — conservar o dinheiro ou uma forma de mercado, mais o Estado e a propriedade privada, ainda que não de todo tipo de bens. Temos razões para supor na possibilidade histórica de um projeto como esse. De fato, se a ideia de uma sociedade transparente foi fazendo água, do século XIX para cá, esse fracasso não implica acreditar na a-historicidade da forma social dominante. E, se uma sociedade organizada nos termos que indiquei não se apresenta, de forma alguma, como uma necessidade histórica, nada nos leva a supor que ela seja impossível.

POR QUE LUTAR CONTRA O CAPITALISMO?

Passamos agora propriamente às razões do projeto. Comecemos pela pergunta de base, que pode parecer ingênua, sobretudo neste nível da exposição, mas que, dadas as condições, deve ser posta em algum lugar da apresentação: por que lutar contra o capitalismo?

A questão é, certamente, muito vasta, mas vale a pena explorá-la. A confusão hoje é tão grande que, como diziam os críticos ingleses pré-marxistas da economia política diante de uma conjuntura histórica, a seu modo, também difícil, "é preciso ir aos fundamentos". Porém, há fundamentos e fundamentos. Em geral, deve-se ir às "razões". Há razões "profundas" e razões mais ou menos "impressionistas". Há, ainda, razões que ficam entre uma coisa e outra. Poderíamos começar num nível que é mais ou menos intermediário.

A economia capitalista, que vai se desenvolvendo desde o Renascimento e chega a uma primeira forma produtiva característica no século XVII (a manufatura), passando à segunda (a grande indústria) no início do XIX, permitiu um amplo desenvolvimento da riqueza, mas, ao mesmo tempo, gerou desigualdade, pobreza e enorme sofrimento em grandes parcelas da população. Ela é contestada principalmente com o advento da grande indústria, cujo período inicial se caracterizou por jornadas de trabalho muito longas e condições de vida miseráveis para a grande massa.

O sistema passou por mais de uma revolução industrial: na primeira, o advento da máquina a vapor e da máquina de tecer, além da estrada de ferro; na segunda, do motor de explosão e do motor elétrico. Pode-se dizer que hoje vivemos uma terceira revolução com as "novas tecnologias da informação e da comunicação".[1] O capitalismo atual se caracteriza por essa nova tecnologia que atinge os domínios da "telefonia, do audiovisual e da informática".[2] Já no plano formal, o que o caracteriza é o predomínio do capital financeiro. Quanto aos seus efeitos sociais, ele produz uma enorme desigualdade e desemprego. Com o progresso técnico e o aumento da produtividade, o sistema é cada vez menos capaz de assegurar emprego para o conjunto da população ativa. Se a isso se somarem os efeitos negativos sobre o meio ambiente, que o desenvolvimento do capitalismo começou a revelar de forma sensível a partir da segunda metade do século XX, temos o trio estrutural no qual hoje se assenta a crítica do sistema: desigualdade brutal, desemprego e ameaça ao meio ambiente. É levando às últimas consequências o que o discurso dominante chama de "reformas" (que são, na realidade, contrarreformas) que o regime revela todas as suas potencialidades.

A teoria dominante que acompanha esse desenvolvimento, e que ao mesmo tempo lhe serve de justificativa, é, como já disse, o neoliberalismo — conjunto de ideias e práticas político-econômicas, em que as mais importantes são a liberação do movimento dos capitais, as privatizações, o privilégio da luta contra a inflação (através de uma alta taxa de juros), o afrouxamento fiscal e a recusa da intervenção do Estado, salvo quando ele se põe a serviço dos objetivos gerais da política neoliberal. O neoliberalismo tenta se desengajar de toda a responsabilidade pelo nível atual de desemprego, seja afirmando a sua inevitabilidade, seja culpabilizando o que resta do Estado de bem-estar. Há na base dessa argumentação a velha ideia de que o movimento do capital, abandonado a si mesmo ou regulado apenas quando a serviço da sua própria desregulação, tenderia, senão ao equilíbrio, pelo menos à harmonia. As interferências no seu movimento causariam os problemas que conhecemos. Essa argumentação se revela muito frágil. Nada nos leva a crer que o movimento do capital seja por si mesmo, ou essencialmente, harmônico. Para tentar justificar essa tese, os economistas substituem as análises macroeconômicas por modelos microeconômicos, ou jogam, intencionalmente ou não, com a confusão entre economia familiar e economia capitalista. O modelo da economia familiar funciona frequentemente como um espelho ilusório, pelo menos no discurso popular da economia dominante. Infelizmente, se os modelos alternativos parecem bastante fortes enquanto se trata da crítica da economia ortodoxa, a teoria crítica alternativa positiva está em elaboração. Como indicarei mais adiante, a crítica marxista da economia está longe de poder fornecer, no estado em que se encontra, uma contranarrativa suficientemente sólida.

Entretanto, a hegemonia do neoliberalismo, como prática e como teoria, parece ameaçada. De fato, a situação das classes dominantes é, politicamente, delicada. As altas taxas de desemprego na Europa e de subemprego nos Estados Unidos ameaçam os partidos de direita tradicionais, em proveito de um populismo de direita que se torna cada vez mais ameaçador. O Front National, partido de extrema direita francês, é o grupo mais forte entre operários e empregados, e sua representante estará quase certamente no segundo turno da eleição presidencial de 2017. Trump venceu as eleições presidenciais americanas. No Leste Europeu, a Hungria involui para um regime autocrático, que, não sendo propriamente fascista, já deixou de ser democrático, mesmo de um ponto de vista formal. Outros países da mesma região, como a Polônia, vão seguindo pelo mesmo caminho. O neoliberalismo será abandonado pelo grosso das classes dirigentes? Não se pode dizer isso, pelo menos por enquanto. Mas começam a surgir críticas à doxa liberal, mesmo no interior dos meios que ela controla. De fato, o neoliberalismo começa a ser contestado até mesmo dentro dos seus baluartes teóricos. Recentemente, uma revista ortodoxa de grande importância publicou um texto em que faz críticas à liberdade de movimento dos capitais no plano internacional e às políticas de austeridade.[3] Assim, até mesmo no interior do universo da ortodoxia começa-se a reconhecer que alguma coisa não funciona no modelo neoliberal.

Mas de que ordem são, em geral, os efeitos do desenvolvimento do capitalismo e do capital? São sempre negativos? Afinal, o desenvolvimento do capitalismo na China, por exemplo, não teria acarretado um aumento de rendimento inédito para uma massa enorme da população? É claro que a implantação ou o desenvolvimento de uma economia capitalista pode ter efeitos positivos, em termos de crescimento e de rendimento. No caso da China, aconteceram duas coisas. Houve, primeiro, a liquidação do sistema opressivo das comunas populares. Uma reforma amplamente benéfica, que liberou (sem aspas) a propriedade rural, estimulando a atividade dos camponeses. Até aí, não se tratava de grande capital, e, em parte, nem mesmo de capital. Depois vieram os grandes investimentos capitalistas. Eles tiveram um papel positivo? Sim e não. Ocorre que, por causa da limitação das terras aráveis na China, as possibilidades de um desenvolvimento maior através da agricultura estavam vedadas. E o país era muito subdesenvolvido em termos de indústria. Os investimentos industriais permitiram incorporar populações marginalizadas em virtude daquelas condições. Só que o processo de industrialização se fez de um modo feroz, mediante uma competição brutal, embora o Estado continuasse a intervir, o que ampliou enormemente as desigualdades regionais e de classe. Assim, uma grande massa saiu de um estado de marginalização para um nível de baixo rendimento e de ultraexploração do trabalho, que, entretanto, assegurava a sua sobrevivência. Em síntese, enquanto se tratava de industrialização — a qual, nas condições da China pós-maoista, dificilmente se faria de modo não capitalista (cooperativo) —, a mutação foi auspiciosa. No entanto, a forma da industrialização — forma, em si mesma, não necessária, e que foi "artificialmente" implementada — criou muito sofrimento para as massas chinesas. Agora, o poder começa a tomar algumas medidas de proteção, pois o risco de explosões sociais é real; porém, o capitalismo chinês continua sendo um dos que mais produz desigualdade. Como em outros países, há que lutar por um Estado de bem-estar na China; não pela volta de comunas ou de outras "máquinas de produção" daquele tipo, mas pelo desenvolvimento de unidades econômicas cooperativas, com direção democrática.

O caso russo é outro bom exemplo dos horrores da hegemonia do grande capital. A conversão de uma economia burocrático-totalitária em economia de mercado era necessária. O problema era o de saber que tipo de economia de mercado viria. Os poderes econômicos mundiais e o governo americano optaram pela grande concentração capitalista, arruinando as classes médias e tirando-lhes o poder político. Perdeu-se, assim, a oportunidade de uma transição do "comunismo" para uma economia de mercado relativamente equilibrada e para um regime constitucional democrático. Hoje os Estados Unidos pagam o preço desses erros. Putin, aliado da extrema direita internacional (ele recebe afetuosamente os emissários do Front National francês), tenta refazer, com apoiadores do antigo Leste Europeu, e provavelmente com a cumplicidade dos chineses — mas os chineses são os mais fortes —, uma espécie de polo capitalista-totalitário, que encena uma nova versão da Guerra Fria.

Passando a alguns casos mais específicos, se as grandes unidades econômicas transnacionais são, literalmente, Estados diante de Estados, se a receita das multinacionais ultrapassa o PIB de países de importância considerável, se os salários dos dirigentes atingem níveis estratosféricos e o poder dos grandes acionistas é maior do que nunca, há, para além disso, casos particularmente chocantes. A indústria do tabaco conseguiu impor, durante cinquenta anos, a ideia de que "não se sabe ao certo se o cigarro provoca câncer". Para sustentar essa tese e o corolário sumamente atrativo de que "seria preciso fazer novas pesquisas" (claro, viva a ciência!), ela comprou especialistas, na maioria professores universitários, alguns ligados às melhores escolas do mundo.[4] Um verdadeiro escândalo bem-documentado. Finalmente, a grande máquina de morte foi obrigada a ceder e reconhecer que o cigarro mata, e que mesmo os fumantes passivos estão seriamente ameaçados. No entanto, segundo os especialistas, esse fato era uma evidência cientificamente estabelecida desde os anos 1950. A tese acabou se impondo, depois de muita luta, no final do século. Quantas vidas custou essa operação? Algo da ordem de 50 milhões, segundo os especialistas. Inevitável? Normal, já que o mundo é dessa forma? É o que pretendem todos aqueles que consideram o lucro como absoluto, e como "natural" a corrida sem princípios para alcançá-lo. Será que sempre seremos incapazes de parar o carro nessa carreira louca, no caso uma corrida que representou perdas humanas bem maiores do que um gulag no Ocidente? Dir-se-á que se trata de um caso especial. Mas não é bem assim.

Também são conhecidas as manobras dos lobbies da indústria farmacêutica, que impõem os seus produtos, em alguns casos mortíferos, e marginalizam os médicos que não se prestam a esse jogo. Dir-se-á que, "em compensação", a indústria farmacêutica prestou serviços importantes, inventando e produzindo novos remédios. É verdade. Mas isso poderia ter sido feito sem esses inconvenientes, que não são poucos, por uma indústria com capital majoritário do Estado e controlada por ele. Se, como já insisti, o Estado não é, de forma alguma — pelo menos o Estado na sua forma atual —, a solução definitiva, muitas vezes ele vale, entretanto, como solução provisória.

E a indústria do nuclear? Em certos países ela foi imposta através de uma propaganda mentirosa, que, supondo a hipótese da recusa do nuclear, mostrava gente jogando cartas à luz de velas. Ou apelávamos para o nuclear ou ficaríamos no escuro... Ao mesmo tempo, se liquidavam todas as tentativas de explorar energias renováveis (isso retrata principalmente o caso da França). Sem dúvida, houve aí associação de interesses privados e interesses de Estado, mas ninguém está dizendo que o Estado seja inocente, ainda que, na situação atual, o Estado seja, em geral, menos perigoso do que o jogo dos grandes acionistas. Esse caso, como o das empresas que exploram a produção de energia a partir de matérias fósseis, é de uma particular gravidade e, como vimos, encerra um argumento maior contra o sistema. O capitalismo ameaça hoje não só a igualdade e a liberdade, mas, também, senão a sobrevivência — isso não sabemos com certeza —, certamente a "boa" sobrevivência da espécie.

RECONSTRUIR A ESQUERDA: SOBRE OS FUNDAMENTOS ECONÔMICO-POLÍTICOS DA CRÍTICA AO CAPITAL. POR UMA NOVA CRÍTICA DA ECONOMIA POLÍTICA

A crítica dos efeitos econômicos e, em geral, humanos do movimento do capital remete, entretanto, a um movimento crítico mais profundo, que opera propriamente no nível dos fundamentos. Marx forneceu uma teoria crítica monumental a esse respeito. Mas é duvidoso que, na forma em que hoje se encontra — isto é, mais ou menos tal como Marx a deixou—, ela seja suficientemente satisfatória. Não posso desenvolver muito esse ponto num texto como este (a coisa é longa, técnica e, enquanto crítica da crítica marxiana, está em elaboração), mas vou expor algumas ideias porque estou convencido de que precisaríamos de algo que, pelo menos, fosse na direção de uma nova crítica da economia política.

Todo mundo ouviu falar na teoria da mais-valia de Marx, a ideia de que há uma diferença entre o que é pago ao trabalhador e aquilo que ele produz em termos de valor. Os economistas de direita caem em cima dessa teoria, denunciando-a como sendo pouco científica, quando não pura metafísica. Há muita confusão nessa crítica, mas a verdade é que aquela teoria encerra problemas reais. Marx a apresentou há mais ou menos 150 anos e praticamente não se avançou nisso. A esquerda deveria jogar fora a teoria da mais-valia? Não digo isso. Mas precisaríamos modificá-la radicalmente, o que significaria, no limite, produzir uma nova crítica da economia política. Crítica que aproveitaria muita coisa de O *capital* de Marx, mas que mudaria outras, mesmo no plano da teoria. Não quero encher a cabeça do leitor com esse ponto, decerto muito técnico. Mas acho importante indicar pelo menos o caminho de pesquisa que me parece o mais promissor. Há em Marx, junto com a teoria da mais-valia, outro tema crítico, conexo, mas a meu ver separável, que é a ideia da impossibilidade de legitimar a posse do capital pelo trabalho do capitalista. Isto é, trata-se de mostrar que a posse do capital, e também da riqueza que vem do capital, não provém do trabalho do capitalista. E isso por uma dupla razão. Em primeiro lugar, porque o capital inicial de que dispõe o capitalista pode vir de muitas fontes — herança, por exemplo. De resto, como se sabe, o mercado é hoje um verdadeiro cassino e a partir dele se pode adquirir muita coisa sem trabalho. Em segundo lugar, porque, mesmo supondo que o capital inicial do capitalista tenha vindo do seu trabalho, a riqueza que advém desse capital inicial como que se autonomiza do seu trabalho e, de certo modo, de todo trabalho. Em última análise, essa riqueza nasce do próprio capital. Ou seja, a aquisição da riqueza por meio do capital não tem nenhum tipo de justificação ou legitimação (pelo trabalho do capitalista ou por outra via): o capitalista adquire mais capital porque já tem capital, ponto. Se a formulação precisa dos fundamentos dessa crítica está por ser feita, a desigualdade que produz o capitalismo salta aos olhos e não oferece dúvidas. Essa desigualdade é razão mais do que suficiente para que a crítica dos seus fundamentos seja retomada em termos rigorosos.

Na realidade, o meu argumento teria de se desdobrar, pois eu deveria justificar teoricamente também o fato de que poupei pequenos capitais ou capitais não hegemônicos no esboço que tracei para um projeto de superação do capitalismo. Tal justificação não está dada pelos limites da interversão da circulação simples em produção capitalista,[5] tal como ela é suposta por Marx. Eu tentaria ampliar esses limites, observando que, para aqueles pequenos capitais — seria admissível supor —, paira, ainda, uma espécie de "sombra" da circulação simples. Limito-me aqui a essa indicação para mostrar que, também a propósito desse segundo ponto, é possível dar uma resposta teórica que não fique num nível puramente pragmático. Estas são, em forma muito esquemática e programática, as considerações que, nos limites deste texto, eu poderia fazer com vistas a uma necessária reelaboração da crítica marxiana da economia política.

RECONSTRUIR A ESQUERDA: SOBRE OS QUASE FUNDAMENTOS ANTROPOLÓGICOS

Para além (ou aquém) dos fundamentos crítico-econômicos indicados, o projeto que delineei remete a uma antropologia que não é nem pessimista, nem otimista. Sempre se perguntou se a ideia de uma sociedade emancipada é compatível com a "natureza humana". A resposta da esquerda tradicional, marxista inclusive, apontava para a crença em um homem essencialmente pacífico e solidário, desde que neutralizada a influência negativa que as formas sociais de opressão e exploração exerciam sobre ele. Hoje, não somos tão otimistas. Mesmo superadas aquelas formas, é duvidoso supor que restará, ou se constituirá, uma natureza humana essencialmente estranha à violência e à agressividade. Mas temos razões para supor que também a hipótese imediatamente oposta não é verdadeira: o homem não é apenas agressividade e violência. Digamos que a natureza humana é compatível com uma possibilidade e com a outra. E é pensando nessa duplicidade que se deve excluir todo projeto de "homem novo" ou de "sociedade transparente", mas rejeitando também o blá-blá-blá dos anti-humanistas sobre a "animalidade" essencial da espécie. Por outro lado, mesmo sem implicar egoísmo ou violência, é evidente que o homem contemporâneo é "individualista" ou, se quiser, para usar de um neologismo, "individuísta". Ele reclama "um canto para si" e não aceita soluções coletivistas que ponham em xeque essa necessidade. Nesse sentido, se todo projeto de esquerda deve visar o reforço das tendências altruístas, e também implementar os projetos coletivos, ele não pode nem deve pôr em xeque os reclamos, perfeitamente justificáveis, do "individuísmo" moderno nem, por outro lado, perder de vista a impossibilidade de neutralizar inteiramente o individualismo naquilo que ele pode ter de egoísta. É assim, respeitando uma antropologia nem humanista nem anti-humanista, que se deve construir uma política para a esquerda. Já o marxismo não era, por sua parte, nem humanista nem anti-humanista. Mas agora essa terceira posição tem um sentido um pouco diferente. Para não desenvolver muito esse tema, diria que, hoje, é preciso ser muito mais exigente do que no passado no que se refere aos meios (ou aos limites dos meios). Ao mesmo tempo, somos muito menos estritos no que se refere aos fins. A sociedade que temos em vista será bem menos transparente e, sem dúvida, menos solidária do que aquela em que Marx pensava. Porém, de qualquer modo, bastante solidária e com a vantagem de ser realizável. Em compensação, num mesmo movimento, seremos muito mais estritos na exigência de que a luta política não degenere em violência sob a espécie de uma suposta *contraviolência*, sem falar no terror.

UMA OUTRA FILOSOFIA DA HISTÓRIA

E, se tanto o projeto de uma nova crítica da economia política como uma reflexão renovada em torno do problema antropológico se impõem, é claro que a visão geral da história que tem hoje a esquerda — ou que deve ter — não é nem pode ser idêntica à que tinham Marx e Engels. Não vou discutir os numerosos problemas que aparecem a esse respeito, desde a questão do papel da economia até a do peso relativo e da significação que têm na história as diferentes lutas, que não são apenas lutas de classe. Também não me ocuparei do encadeamento (ou não encadeamento) dos chamados modos de produção, problema de que tratei em outro lugar.[6]

Limitar-me-ei a um ponto que tem relação imediata com a política: saber em que medida a história prepara uma sociedade emancipada, isto é, em que medida o processo histórico vem, de algum modo, ao encontro dos nossos projetos. Sabe-se que na visão clássica marxista há, apesar de tudo, um otimismo de fundo. O capitalismo tende a se autodevorar, roído pelas suas contradições internas. Se o melhor marxismo não deduz daí a inevitabilidade da passagem a outro regime, ele pelo menos afirma que se criam, assim, as condições para a luta em favor desse novo regime social. Essa formulação é razoavelmente correta, mas ainda é por demais otimista. Mesmo se não "deduz" do capitalismo a sociedade emancipada, ela supõe, entretanto, que dadas as contradições internas do sistema atual caminhamos, de algum modo, em direção àquela sociedade. Há um excesso nessa afirmação. Ninguém duvida — isto é, a direita duvida, mas só ela — de que as formações capitalistas e o capitalismo em geral contenham graves oposições internas, que tendem a se efetivar de tempos em tempos e de modo relativamente crescente. Mas não se deve concluir demais a partir disso.

Em primeiro lugar, não se deve concluir daí que seja inevitável a emergência da sociedade emancipada. Porém, é possível ir além. Mesmo a ideia de que se criará uma espécie de vazio favorável à implementação de uma sociedade daquele tipo é excessiva. Por um lado — argumento crítico já antigo —, não é seguro que as tensões internas inegáveis existentes no interior do sistema conduzam necessariamente à sua aniquilação. Se não houver forças de contestação, o sistema poderia se refazer, e ele tem revelado de resto uma capacidade extraordinária de resiliência. Porém há mais uma razão crítica a introduzir, e esta remete a uma reflexão que é bem menos clássica. De fato, *a história mostra que, se as formas sociais mudam, elas não mudam necessariamente para melhor, e muito menos na direção de uma sociedade emancipada.* Pelas duas razões — a não necessidade de uma ruptura final e a radical indecisão sobre o regime que poderia substituir o capitalismo caso uma ruptura desse tipo ocorra —, não devemos supor, com a tradição, que a história caminha ao nosso encontro. Dir-se-ia que a verdade está, antes, na tese oposta.

Arguir-se-á, talvez, que o meu argumento não é novo e se encontra nos textos em que se faz a crítica do progresso, como as famosas "Teses sobre o conceito de história", de Walter Benjamin. Ora, a crítica de Benjamin e de outros é válida e importante, mas é, entretanto, unilateral. Enquanto crítica do progresso, a filosofia de Benjamin satisfaz na sua face ecológica, ao questionar as consequências do projeto prometeico de domínio da natureza. E, se é verdade que ela vai além do antiprometeico, apresentando-se como crítica propriamente política, ela ataca apenas, ou essencialmente, o modelo social-democrata, ou o que se chamava de "reformismo". É esse o objeto propriamente político das "Teses". Fica de fora — com exceção de alusões indiretas — o que eu chamaria, com outros, de "revolucionismo".

Falta, assim, o que representaria a crítica do outro ramo maior da tradição marxista. Há um argumento em Benjamin cuja importância é indiscutível, o do caráter nefasto da crença de que "nadamos na direção da corrente", o que significaria, precisamente, que a história iria ao nosso encontro. Porém, ele utiliza esse argumento apenas para enfrentar a visão otimista beata dos social-democratas. Ora, os comunistas compartilham, à sua maneira, da mesma ilusão. Só que, no argumento deles, as águas que nos são benignas não são as das correntes calmas das reformas sociais, mas as das corredeiras tempestuosas que fazem eclodir o capitalismo e provocar a revolução para se transmutar, enfim, nos remansos do comunismo. Essa crença comunista de que a história vai, de um modo ou de outro, na nossa direção tem consequências tão negativas como os idílios progressistas da social-democracia. Acho que, para além da fé no leninismo, no trotskismo, no castrismo ou no que for, o principal freio, de origem marxista, evidentemente, à constituição de uma visão lúcida da história é essa crença subterrânea de que, se a revolução (a verdadeira revolução) não vem aí, ela, pelo menos, está por aí. Talvez ela venha a tardar, mas acabaria batendo à porta, porque a história é a sua parteira.

Nada mais ilusório. É verdade que a história revela a finitude das formas sociais, com cada uma delas caindo e dando lugar a outra, ou a outras. Até aí, tudo bem, embora nunca se saiba ao certo quando isso acontece. Porém, mais sério do que o problema da data — e grande escândalo para a crença ingênua no progresso (no progresso social, no caso) —, essa sucessão de formas *não remete necessariamente a uma linha de progresso*. É pensável — e a experiência histórica nos leva antes a esse resultado — que o movimento da história (da história "até aqui", bem entendido) seja um movimento cíclico. Cíclico, no sentido de que o modo de ser da história se mostra na seguinte forma: *sai-se de um modo de exploração e dominação para entrar de novo em (outro) modo de exploração e dominação*. Trata-se, portanto, de um movimento cíclico *na diferença*. Com efeito, há uma constante renovação da *forma* da exploração e da dominação hegemônica, mas a existência da exploração e da dominação se mantém, já que ele apenas se renova constantemente.

Isso significa que a "revolução" — que deve ser repensada

também no que se refere aos seus meios — é impossível ou impensável? Nada disso. Mas é preciso pensá-la como uma ruptura muito maior — ou de outro modo maior — do que foi concebida até aqui, incluindo a ruptura que supõe o discurso de Benjamin e dos benjaminianos. *A "revolução" é um ato que vai "contra a história".* Mas entendamos. Os benjaminianos poderiam aceitar essa fórmula, porém para eles a resistência viria de uma inércia da velha forma. Para mim, ela vem do fato de que a nova forma, cuja emergência não é tão improvável assim, não é, entretanto, necessariamente *uma nova forma de progresso,* mas uma nova forma de estagnação ou de regressão. O problema é menos o de que a revolução — ou uma revolução — não virá do que o de que a revolução que virá poderá ser uma revolução *na regressão.* Essa maneira de ver não deve inibir a luta pela emancipação, mas lhe dar mais lucidez e, em consequência, propiciar melhores possibilidades de êxito. Não há nada mais perigoso do que a crença, ainda arraigada, principalmente entre os jovens, de que "caminhamos na direção da história", ou, antes, de que a história caminha na nossa direção. A história não caminha por aí (e não apenas por causa da inércia da forma antiga, mas, como tentei mostrar, por causa da inércia da *história global*); e, se ela tem uma direção, é mais a da barbárie do que a do progresso.

POR QUE SER DE ESQUERDA. A ESQUERDA E A DIREITA

Voltando agora ao núcleo da discussão. Perguntamo-nos acima por que lutar contra o capitalismo. Na sequência (e já no caminho da conclusão), cabe indagar: o que representa a esquerda?

Apesar de ter sofrido o impacto (e que impacto!) de formas patológicas, a esquerda representa, em primeiro lugar — ou originariamente —, a posição política dos que defendem os interesses dos não detentores de capital, em oposição aos interesses dos que dispõem dele. Esse é o sentido originário e primeiro do trabalho da esquerda. Mas ela encarna, de maneira mais geral, o desejo de liberdade e de igualdade (não absoluta) e a luta pelo bem-estar e a sobrevivência dos humanos, na cidade e no planeta. Dadas as conversas que hoje se ouvem, e os escritos que se leem, seria o caso de acrescentar: a esquerda não despreza nem o mérito, nem o esforço pessoal, nem o talento; não supõe que "somos todos iguais" (todos igualmente bons matemáticos, bons pianistas, bons poetas etc.). O jovem Marx já nos advertia contra as ilusões igualitaristas do que ele chamava de "comunismo vulgar".

Pode-se dizer, embora não seja plenamente exato, que a história da esquerda começa com a Revolução Francesa. Ainda que tenha degenerado no Terror, a Revolução instituiu a igualdade jurídica entre os indivíduos — de sexo masculino pelo menos —, avanço limitado mas essencial. Essa conquista se prolongou na reivindicação do que se considerava, com razão, a liberdade real ou efetiva. Como se sabe, essa luta se fez em torno das condições de trabalho na fábrica, mas também em termos de reivindicações democráticas mais gerais. O movimento levou à grande primavera política de 1848, revolução que mobilizou as forças democráticas de toda a Europa, mas acabou sendo esmagado pela repressão internacional. A luta continuou no pós-1848, ainda com aquele caráter duplo, e se prolongou pelo século xx afora. Se a esquerda apoiou esse movimento (em geral, ela é consubstancial a ele), a direita encarnava as forças contrárias. A jornada de dez horas é obtida na Inglaterra na metade do século xix. Na França, ela é decretada após a Revolução de 1848, mas é revogada alguns meses depois. A jornada de oito horas só se impôs na Europa no século xx. A direita combateu o quanto pôde essas determinações legais limitativas. Usaram-se todos os métodos e justificativas para se opor à redução da jornada (por exemplo, diziam que a jornada de dez horas tornaria o lucro impossível porque este viria das duas últimas horas da jornada de doze horas). Insisto sobre essa história por ela revelar a gênese e, com ela, um pouco da essência da política da direita.

Na história da política do final do século xix e do início do século xx, há dois pontos que seria preciso destacar para a determinação e a avaliação da esquerda e da direita. Um é o colonialismo, o outro, a Primeira Guerra Mundial. *Foi a direita e não a esquerda que promoveu no início do século XX a política colonial.* A esquerda, em geral, lutou contra ela (ainda que setores e governos da social-democracia tenham se comprometido com o colonialismo). As potências ocidentais dividiram o mundo periférico como quem corta um bolo. O exemplo mais famoso é o do acordo franco-inglês (acordo Sykes-Picot, de 16 de maio de 1916), que traçava uma linha no Oriente Médio, ao norte da qual dominariam os franceses, e ao sul, os ingleses. Este é apenas um exemplo. Somem-se muitos outros, de arbitrariedade e violência. Se não há nenhuma razão para atenuar a responsabilidade dos totalitários fundamentalistas do Oriente Médio, é evidente que a política colonial preparou o campo para que vicejasse o atual fanatismo arcaico-fascista. A esquerda não foi a responsável por isso.

Outra questão é a da responsabilidade pela eclosão da Primeira Guerra Mundial, entre 1914 e 1918. É verdade que um setor importante da esquerda acabou aderindo à política chauvinista. Porém, essa responsabilidade foi, apesar de tudo, adjetiva — a adesão veio a posteriori e não envolveu toda a esquerda. *Os grandes promotores da Primeira Guerra Mundial, massacre bárbaro e inútil de milhões de soldados e de civis, foram os poderes de direita, tanto os dos impérios centrais como os da Entente.* Se a guerra não ocorreu só por razões econômicas, como pretende uma versão ortodoxa — os motivos foram tanto econômicos como políticos —, a esquerda (a Segunda Internacional e alguns grupos fora dela) lutou o quanto pôde contra ela, embora uma boa parte das direções viesse, depois, a ceder. Mas quem manejava a política de que nasceu o conflito foram as direitas mundiais. Inútil tentar mistificar esse fato.[7] A direita foi a mãe da "Grande Guerra". *E, sem a Primeira Guerra Mundial — insistamos —, não teria havido governos totalitários.* Esse ponto é essencial para o dossiê sobre a origem dos totalitarismos e, em consequência, também para o dossiê sobre a direita. De fato, sem a guerra não teria havido nazismo, e o bolchevismo, que arrastou consigo o stalinismo, dificilmente teria chegado ao poder. É de se observar a esse respeito que, mesmo se os dois foram impulsionados pela guerra, as histórias dos totalitarismos de esquerda e de direita são relativamente independentes entre si.[8] O nazismo tem sua origem primeira num caldo cujos componentes são, na virada do século, o colonialismo e o chauvinismo racista (ver Arendt, a respeito). Ele não é resposta ao comunismo como pretenderam alguns, embora a violência leninista, e depois stalinista, tenha lhe dado boas armas de propaganda.

A propósito dos dois totalitarismos há um tema recorrente na literatura da direita, tanto nacional como estrangeira, que serve de argumento político: o de que, se quase ninguém mais é nazista, continuam existindo partidários de Lênin e de Stálin. Isso justificaria o empenho da direita na luta contra toda a esquerda. De fato, há provavelmente mais leninistas (ou mesmo stalinistas) no mundo de hoje do que nazistas. Isso não significa que o leninismo (ou o stalinismo) "é pior" ou "é um perigo maior" do que o nazismo. As razões da diferença são mais ou menos as seguintes. Por um lado, acho que há uma diferença de base entre a política da esquerda e a política da direita: a primeira é de contestação do real e, portanto, de luta. Já a política da direita é, *de certo modo*, de aceitação do real. O que não significa que a direita também não lute pelos seus objetivos, mas poder-se-ia dizer, talvez, que a luta não é a sua essência, já que ela visa manter o statu quo. Essa circunstância torna a esquerda de algum modo mais frágil diante das patologias, mais vulnerável a elas (embora, claro, no campo da direita também tenham surgido patologias e, mais do que isso, ela tenha sido o berço do que representa, sob muitos aspectos, a grande patologia). De fato, toda luta pode virar violência — contraviolência não justificada —, e esta pode degenerar em terrorismo.[9] Entretanto, isso não é, de modo algum, uma razão para frear a luta contra a sociedade injusta, nem indica nenhuma debilidade congênita da esquerda em termos de legitimidade.

No caso preciso do confronto dos dois totalitarismos, partimos do fato de que, provavelmente, continua havendo mais gente que acredita no leninismo do que no nazismo e que, assim, não há uma completa simetria entre os dois. Isso remonta às seguintes circunstâncias. O nazismo é um bloco. Ele nasce como tal. Do *Mein Kampf* a Auschwitz, a diferença é pequena, se é que existe. O comunismo bolchevista e depois stalinista teve, pelo contrário, uma longa história. Começa no início do século xx, com dois panfletos de Lênin (muito criticados por Rosa Luxemburgo e pelo jovem Trótski), os quais, sem dúvida, como previu pelo menos um dos dois críticos, já anunciavam parte do que viria a ocorrer.

Mas atenção! Até 1917 o partido bolchevique não era nenhum análogo do partido nacional-socialista. Ele lutou contra o tsarismo, contra o colonialismo, e se opôs radicalmente à guerra, mesmo se fazia tudo isso num estilo já muito autoritário. Até então havia, de resto, muita discussão dentro do partido bolchevique, e, no momento da chamada Revolução de Outubro — que foi, na realidade, um golpe mais ou menos sui generis sobre o fundo de uma revolução da qual os bolcheviques iriam se apropriar —, havia no partido uma enorme divisão interna, entre uma maioria que almejava algo não muito distante de uma democracia dos sovietes e a facção radical, constituída por Lênin e por Trótski (este último aderira ao bolchevismo naquele ano e se mostraria fanático como todos os neófitos).

Se é verdade que o poder bolchevista, nos seus primeiros tempos, praticou muita violência, incluindo massacres, e a política que pôs em prática foi condenável, isso não permite, porém, colocar Lênin ou Trótski em plano idêntico ao de Hitler. Trótski não foi um Hitler russo. Lênin tampouco o foi, por muito que se devam condenar os erros e crimes do bolchevismo. Já Stálin, sim. O stalinismo é o análogo pela esquerda do que foi o nazismo pela direita. Depois de 1917, os comunistas fundaram e dirigiram partidos, alguns de massa, como o italiano e o francês, os quais, por um lado, serviam ao proletariado, principalmente no plano sindical, e, por outro, serviam aos interesses da burocracia totalitária dita "soviética". Como o "comunismo" não foi apenas stalinista, mas também o que veio antes (incluindo o bolchevismo anterior a 1917) e o que veio depois, dentro e fora da URSS, a confusão daqueles que ainda acreditam no leninismo, implicando, sem dúvida, efeitos políticos muito negativos, não é, entretanto, da ordem em que incorrem aqueles que ainda hoje acreditam em Hitler. Naquela assimetria há um elemento de confusão (pensar que o gulag era "melhor" que Auschwitz...), e também um elemento de verdade: por negativos e terríveis que tenham sido o bolchevismo e seus efeitos até hoje, ele não é o equivalente do nazismo. A sofreguidão dos trânsfugas os leva a perder de vista as diferenças e a homogeneizar tudo.

Na história da esquerda, há uma plêiade de figuras que tiveram o mérito de não se comprometer nem com o totalitarismo, nem com o populismo, nem com o reformismo adesista. Cito alguns nomes: o grande líder político e intelectual francês Jean Jaurès, assassinado no limiar da Primeira Guerra; Rosa Luxemburgo, assassinada em 1919; o Trótski de antes de 1917, grande crítico do leninismo; Léon Blum, líder do Front Populaire (apesar de ter se recusado a ajudar a Espanha republicana, numa situação que, entretanto, era, de fato, difícil); e Olof Palme, grande figura do socialismo nórdico, assassinado em circunstâncias não inteiramente elucidadas (ele era a *tête de turc* tanto da CIA como de certos fanáticos do Oriente Médio). A acrescentar, a ala internacionalista do menchevismo russo, representada por Julius Martov, e algumas figuras do centro e da esquerda do Partido Socialista Revolucionário russo, de afinidades camponesas, que se cinde em 1917 e defendia, para a Revolução Russa, a aliança de três forças: intelligentsia, camponeses e operários. O seu principal representante foi Viktor Tchernov, presidente da Assembleia Constituinte russa, fechada pelos bolcheviques em 1918, após a sua primeira (e última) reunião. Vários desses personagens foram assassinados, e seu programa político neutralizado pela ação de comunistas ortodoxos ou de social-democratas adesistas.[10]

GRANDES FIGURAS NA HISTÓRIA DA DIREITA

Ao reconstituir, em grandes linhas, a trajetória da esquerda, falei também da direita, mas valeria a pena falar um pouco mais a respeito desta última e da sua trajetória histórica. Quais grandes nomes podemos reconhecer na história política da direita? Provavelmente dois. Ambos tiveram grande destaque, para dizer pouco, na luta contra o nazismo, ocasião em que agiram em aliança com a esquerda (tanto a melhor como a pior). Essas duas figuras são Charles de Gaulle e Winston Churchill. O último (mas também o primeiro, apesar da reviravolta final) era partidário do colonialismo e fiador de algumas das suas piores violências. Mas eles foram, ao mesmo tempo, grandes figuras na batalha contra o totalitarismo de direita. Por outro lado, tiveram também um papel na implementação de medidas de seguridade social.[11]

Quanto aos grandes vultos da história teórica que a direita, tanto a nacional como a estrangeira, gosta de invocar, direi duas palavras sobre um deles. Hoje, uma das figuras tutelares do pensamento de direita é Burke, que previu o descaminho jacobino terrorista da Revolução Francesa. Sem dúvida. Mas Burke não viu, nem quis ver, o que essa revolução, apesar do terror final, teve de grande, como a Declaração dos Direitos do Homem. Por isso mesmo, ele não pode nos servir de bandeira. Quanto ao liberalismo, político ou econômico — apesar do que dizem certos autores "radicais" como o italiano Domenico Losurdo, péssimo leitor de textos e ideólogo sectário —, a esquerda não despreza essa herança. O liberalismo econômico serviu como ponto de partida para a crítica da economia política, não só a de Marx, mas também a dos smithianos e ricardianos de esquerda. Quanto ao liberalismo político, enquanto propositor de um Estado constitucional, ele faz parte, sem dúvida, das fontes primeiras do programa teórico-político da esquerda.

Conclusão

Voltando ao tempo histórico brasileiro

Com a análise das razões e fundamentos que poderiam servir de base a uma refundação da esquerda, concluímos aqui o nosso percurso que começou com uma apresentação das patologias da esquerda. Voltemos, agora, um instante ao tempo histórico brasileiro, para, no quadro dele, resumir as teses principais deste livro.

Efetivada a operação golpista do impeachment de Dilma e derrotado o PT, a esquerda brasileira se vê numa encruzilhada. Há impasses, mas existem também caminhos abertos. À debacle do varguismo, o primeiro populismo, e à debacle do Partido Comunista, sucedeu a do PT. A esquerda brasileira assistiu, assim, a três processos de ruptura que, para além das diferenças, tiveram alguns pontos em comum. Com o PT abalado, mas não morto, restam, além dele, os movimentos e partidos de extrema esquerda e um partido como o PSOL, que é, em parte um partido independente de esquerda e, em parte, um partido de semiextrema esquerda. Soma-se, é claro, o projeto de novos partidos ou movimentos. Insisti sobre a possibilidade de que, a partir do que existe de melhor no PT e no PSOL e, eventualmente, também em outros partidos — quem sabe se até do entorno dos tucanos alguém se disponha a fazer um movimento de volta para a centro-esquerda —, venha a se formar como movimento, ou, pelo menos como orientação, uma esquerda independente.[1] O que significa: uma esquerda democrática, anticapitalista, antipopulista e com consciência ecológica.

Sublinhei o fato de que não são poucos os homens e mulheres simpáticos a tal programa. Pelo menos, não são poucos os homens e mulheres que se afirmam de esquerda mas não se reconhecem nem no PT, nem no PSOL, nem em partidos de extrema esquerda ou de centro-direita. Essa gente representa um potencial muito importante. Para além da mitologia em torno do caráter inatamente reacionário de toda a pequena burguesia, a primeira condição para mobilizar essa massa é ter consciência de que ela existe como potencial. Mas sua mobilização efetiva só será possível através de uma política de verdade. Esse passo será, sem dúvida, apenas o primeiro — sem ser um simples instrumento — para influenciar os setores mais pobres, no campo e na cidade. Parte deles continua em atividade no quadro dos chamados movimentos sociais. Porém, sem um trabalho sério em relação a esses movimentos com vistas a um aprimoramento do item democracia no interior do seu ideário político, corre-se o risco de ver as mobilizações canalizadas por políticas neopopulistas ou neototalitárias.

Hoje, os riscos, dentro da esquerda, continuam sendo aqueles que existiram no passado e que descrevi no início do livro. Diante do impasse atual, há os nostálgicos do PT que não veem motivo para mudar nada, exceto corrigir alguns erros táticos. Há também os que continuam a ter ilusões com a política totalitária ou semitotalitária. Raros são os que, dentro da esquerda, capitularam, negando o caráter golpista do impeachment. Há que superar esses obstáculos por uma política não só de verdade, mas em que a ética seja reguladora. Não digo que "seja fundante", porque toda luta política tem certa autonomia (também por isso falei em *quase* fundação antropológica), além de outras complicações das quais não me ocupo aqui. Quem viver verá. Esperemos que muitos vivam e possam ver o melhor.

Apêndice 1

Resposta a um economista liberal e a alguns outros críticos[1]

O artigo que publiquei no número 121 da revista *piauí*, de outubro de 2016 — "Reconstruir a esquerda" —, e que serviu de base ao presente livro, foi objeto de várias intervenções, em jornais, em revistas e na internet. Como este livro, o texto escrito de um ponto de vista da esquerda independente atacava a direita, mas também praticava o "fogo amigo", isto é, acertava contas no interior da esquerda. O resultado foi uma saraivada de balas provindas de vários pontos do firmamento político. Houve, entretanto, intervenções favoráveis.

Para começo de conversa, embora não vá fazer um balanço detalhado do episódio — nem exagerar a sua importância —, tentarei registrar as lições que se poderiam tirar para pensar um pouco os rumos que toma certa "opinião pública" no Brasil. A primeira coisa a ressaltar é a reação dos extremos. Gente mais ou menos identificável como de direita, ou talvez de extrema direita, pareceu sobretudo indignada com o fato de que o artigo tivesse sido publicado. A indignação visava frequentemente o tamanho da publicação, mas não é difícil adivinhar que o problema não era só quantitativo. A direita, e mesmo a extrema direita, tem hoje no Brasil uma espécie de hegemonia, fundada no poder e no grito. Basta dar um pequeno passeio pela internet para se dar conta do grau de violência das intervenções: tudo o que é de esquerda é a condenar in limine. Já a esquerda tem pouco espaço para desenvolver os seus argumentos. Nessas condições, a direita e a extrema direita estão preocupadas, sobretudo, com que não se dê mais espaço ao discurso de esquerda, e que este seja obrigado a se inserir em territórios mínimos de publicação. Essa reação é reforçada por aqueles, de direita ou não, para os quais o essencial, se posso dizer assim, é não pensar nada; os que querem diversão e mundanidade e não coisa séria.

Na outra ponta, estão os leitores da extrema esquerda tradicional. O mais grave para estes é o fato de que ousei fazer críticas a Marx... É como se eu tivesse ousado criticar Jesus ou Maomé! Na universidade, não é muito rara essa reação. O interlocutor (ou a interlocutora) empalidece quando ouve falar que alguém, de esquerda, anda fazendo críticas a Marx. Assim vão a nossa direita e a nossa esquerda (ou parte delas). Entre esses extremos — e, deixando de lado, por ora, as leituras grosso modo favoráveis — houve reações de gente próxima ao PT e de críticos de centro-direita ou de direita não extrema. É nesse último grupo que se situa o principal texto a que pretendo responder, um artigo que o economista Samuel Pessôa publicou no número 123 da *piauí*, de dezembro de 2016, "A armadilha em que a esquerda se meteu: Se o objetivo é reduzir a pobreza e a desigualdade, não há alternativa ao projeto social-democrata de FHC".

Mas, antes de me ocupar do artigo de Pessôa, direi duas palavras sobre o sentido geral do meu escrito que serviu de base para este livro (com o que comento, em grande medida, também o próprio livro, ou o "miolo" dele), e aproveito para responder a alguns outros críticos. O ponto de partida do artigo, que foi aliás o principal alvo de crítica, era, como no livro, uma espécie de balanço das patologias da esquerda. Distingui três: a que denominei neototalitarismo (incluindo diferentes formas de neoautoritarismo); a que chamei de reformismo adesista; e, por último, as diferentes modalidades de populismo (incluindo nelas quase populismos e formas afins). Alguns consideraram a referência ao neototalitarismo uma velharia, ou um arcaísmo, que revelaria nada menos do que "as limitações intelectuais que esse campo [o da esquerda] sofre para avaliar o fracasso do petismo e os desafios do futuro".[2] Entretanto, muitos articulistas do mesmo jornal em que encontramos tal tipo de crítica utilizam fartamente o tema do totalitarismo nas suas filípicas contra a esquerda. De resto, quem negará que subsistam ainda, na esquerda, sérias ilusões com os antigos regimes comunistas, inclusive e principalmente com os seus remanescentes, e que isso representa um freio à boa condução da luta política?

Quanto aos populismos, o problema era definir o estatuto do PT em relação a ele. Minha resposta foi a de que se tratava de um fenômeno pelo menos aparentado com ele, da mesma família, digamos, algo como um populismo sui generis. Menos do que essa definição, o importante seria reconhecer na política petista uma patologia, e não se limitar a dizer que esse partido cometeu "erros". Sobre o reformismo adesista — a propósito: é claro, como escreveram alguns, que existem muitos "adesismos", mas eu me referia aqui a um caso bem particular, que tem de ser estudado na sua singularidade —, eu o reconhecia, para o caso brasileiro, na trajetória de Fernando Henrique Cardoso e dos "cardosistas", insistindo em que se trata de uma direção a distinguir da de outras tendências no interior do PSDB.

Além de reafirmar o interesse desse esquema, faria duas observações a respeito: a primeira é de que ele vale não só para o Brasil, mas também para as esquerdas do primeiro mundo. De fato, os eixos de referência para a crítica parecem ser os mesmos três, num caso e no outro, só que os elementos reais se dispõem diferentemente, e são de um teor mais ou menos singular. De fato, cada um dos três eixos não tem o mesmo peso específico para a realidade brasileira e para a realidade europeia (penso principalmente na francesa). No Brasil, é o quase populismo petista que está mais em evidência e que constitui o problema mais imediato. O reformismo-adesista já não se diz mais de esquerda nem aparece como pertencente a ela. Quanto ao neototalitarismo, se insisti na sua presença e no seu peso, ele não se apresenta como um desafio tão imediato como o do quase populismo. Na Europa, a situação é diferente. Os PS, apesar de estarem em plena crise, representam, de qualquer forma, uma peça muito importante no tabuleiro político. E a prática do PS francês — refiro-me à fração dele que esteve no poder, com Hollande — é notoriamente reformista-adesista. Por isso, esta última patologia está no centro do jogo político da esquerda.

Quanto ao neototalitarismo, insisti, no artigo de outubro, em que ele, como ideologia, está mais presente no Brasil do que na Europa — penso sempre na França, em particular. Ocorre, entretanto, que os *partidos* de estilo neototalitário têm muito pouco peso no Brasil. Isso acontece também na França, mas há ali uma figura de relativo peso político e também eleitoral — Jean-Luc Mélénchon — que, se não é um "neototalitário", revela certamente certo número de ilusões com o velho modelo "comunista". Quem não gosta do reformismo adesista de Hollande tende num primeiro momento a se aproximar de Mélenchon, mas depois se afasta. É que Mélenchon é um admirador dos Castro, poupa o quanto pode o poder chinês, e sua atitude em relação a Putin é pelo menos ambígua. Assim, também na França, reconhecemos duas das patologias. E o populismo? Ele não tem naquele país o peso e a importância que tem no Brasil, e na América Latina em geral. Entretanto, as marcas negativas da ideologia populista estão presentes nos novos movimentos — que, precisamente, procuram escapar dos neototalitarismos e da adesão ao sistema —, como o Podemos espanhol, o Syriza grego, ou pequenos partidos de esquerda, em formação, na França (e também no *estilo* político de Mélenchon). Não estou dizendo que esses movimentos sejam, sem mais, "populistas", mas esse traço aparece, sob diferentes formas, mais ou menos graves, em alguns deles. Como assinalo no corpo deste livro, o Podemos pretende não ser nem de direita nem de esquerda, posição que era também a de um pequeno partido de esquerda francês, o Nouvelle Donne. Mais do que isso, as ligações antigas do Podemos com o chavismo são conhecidas. Com o que não estou reduzindo a prática desses partidos ao populismo nem negando os méritos reais dessas organizações. Assim, se no Brasil, em ordem de importância, temos a série (quase) populismo, neoautoritarismo e reformismo adesista, na França ela seria reformismo adesista, neoautoritarismo (pelo menos se pensarmos no fenômeno Mélenchon), populismo.

A segunda observação que gostaria de fazer é a de que o esquema tem, por assim dizer, um interesse prático. Ele nos ajuda a pensar o fracasso frequente das tentativas de reformar, reorganizar ou refundar a esquerda. É que, frequentemente, militantes ou simpatizantes, muitos deles com excelentes intenções, libertam-se de certo tipo de erro ou deformação para cair em outro. Até aqui, esse tem sido, mais ou menos, o destino das reorganizações da esquerda. Assim, os antigos quadros da luta armada e da extrema esquerda abandonaram as antigas práticas e foram militar no PT. Houve progresso, certamente, porque abandonaram suas ilusões com a violência. Entretanto, se se livraram de uma cilada, foi para cair em outra: a violência saiu, mas no lugar dela entrou a corrupção. Por trás das duas havia, aliás, um mesmo esquema geral, o de acreditar no velho princípio de que os fins justificam os meios.

Os militantes petistas que migraram, e continuam migrando, para o PSOL fazem um progresso considerável ao tomar distância em relação às práticas duvidosas e funestas em que mergulhou o PT. E, entretanto, frequentemente esse processo benigno acaba redundando na exacerbação de um mau radicalismo. A recusa do quase populismo petista acaba por significar a reabilitação dos velhos totalitarismos de esquerda. Isso aparece bem na ideia muito simplista de que era preciso "ir mais à esquerda do PT". A fórmula tem certa verdade, mas só se for bem entendida: a "esquerda" a que se vai não pode ter nada em comum com as antigas esquerdas comunistas. Assim, o esquema vale um pouco como um guia de proteção contra as arapucas patológicas — *não* se trata da "armadilha" de que fala Samuel Pessôa, mas de outras — em que a esquerda corre sempre o risco de cair.

A partir daqui, me ocuparei essencialmente da crítica do economista Samuel Pessôa, mas darei a palavra, de vez em quando, também a outros autores que comentaram o meu artigo, além de desenvolver, com base na discussão dessas leituras, alguns pontos de interesse mais geral. Parte das respostas a Pessôa, ausente no artigo, já está no texto deste livro. Evitarei as repetições, mas, a respeito de pontos importantes, não me furtarei a retomar certas considerações críticas.

Na resposta a Pessôa, começo pela defesa franca que ele faz das políticas neoliberais para definir um pouco as posições em confronto e as razões que as sustentam.

Em sua crítica ao meu escrito, como de resto nos textos que vem publicando pela imprensa, Samuel Pessôa se situa claramente no campo do neoliberalismo. O argumento principal em favor deste, segundo o autor, é o de que, graças à globalização neoliberal, ter-se-ia obtido, em escala planetária, uma grande redução da pobreza. A esquerda, e eu com ela, seria incapaz de tomar consciência do fenômeno, bem como de reconhecer sua importância.

"É preciso notar [...] que qualquer crítica aos resultados globais do período neoliberal — grosso modo, dos anos 80 até hoje — precisa ser qualificada pela enorme queda da pobreza que ocorreu na economia mundial nas últimas décadas", escreve Pessôa. E ele continua: "Faz parte da era neoliberal — está umbilicalmente ligada a ela — a maior queda de pobreza da história da humanidade".

O economista associa a esse elogio da mundialização liberal uma avaliação muito favorável das políticas do Fundo Monetário Internacional e das medidas defendidas pelo chamado "Consenso de Washington" — entre elas, a liberdade de movimento dos capitais, a liberalização do comércio pelos países mais pobres, as privatizações em contraposição aos modelos "intervencionistas" defendidos por economistas heterodoxos. O economista propõe que o leitor compare "o desempenho econômico e social da Venezuela com o da Colômbia, ou ainda o da Argentina com o do Chile", e escreve: "Se lembrarmos que Chile e Colômbia são fiéis cumpridores do modelo defendido pelo Consenso de Washington, ficam ainda mais claras as limitações das iniciativas intervencionistas na América Latina".

O que dizer dessa "defesa e ilustração" do neoliberalismo? É preciso, creio eu, não confundir de maneira simplista, sem mais, globalização com neoliberalismo, e evitar generalizações do tipo "a era neoliberal". Isso porque os críticos do neoliberalismo não são todos críticos da globalização enquanto tal. Não por acaso, muitos deles se autodenominam "altermundialistas", isto é, não são contra toda "mundialização", mas contra a forma que assumiu esta a que assistimos desde o final do século passado até os nossos dias. A distinção pode parecer sutil, mas creio que ela se impõe. Mas não só isso: houve de fato, é preciso reconhecer, momentos positivos na globalização existente. Já que o economista fala da China, creio que se pode incluir no processo, como um dos seus pontos de partida, a grande reforma agrária chinesa, que liquidou as comunas e deu aos camponeses a possibilidade de uma exploração privada das terras. Como assinalei no corpo deste livro, houve aí uma passagem à economia de mercado que foi certamente positiva, a despeito da opinião que se possa ter sobre o poder chinês. E é, aliás, por aí que a globalização representa um progresso — isto é, na medida em que ela significou a incorporação de amplas massas da população, até então marginalizadas, ao mercado. Isso implicou em escala mundial uma redução muito grande da pobreza.

Ocorre que a forma que a globalização acabou assumindo — uma forma que não era, em si mesma, necessária, mas que derivou pelo menos em parte de decisões políticas — instaurou uma grande desigualdade, entre outros males. É por isso que há violência teórica quando se faz o elogio do neoliberalismo a partir da globalização. Esta ampliou o mercado mundial e estreitou relações econômicas, com as consequências, melhores ou piores, que conhecemos. Mas, dentro dela, o FMI e outras agências mundiais, além do governo americano, puseram em prática um certo tipo de política econômica que se costuma chamar de neoliberal, e cujos resultados foram muito negativos.

O autor cita o exemplo do Chile — que o FMI sempre exibe como uma espécie de "título de honra" — e o confronta com o da Argentina. Ora, no Chile o índice de desigualdade é alto, a desregulamentação dos bancos criou problemas sérios, e a economia é demasiadamente dependente do preço internacional do cobre — não faz muito tempo, aliás, essa commodity sofreu um baque, não sem consequências para o país. Inversamente, ainda que a história tenha sido complexa, não creio que o FMI tenha sido inocente no desastre argentino. A política econômica adotada pelo país nos anos 1990 — sempre elogiada pela direção do FMI — certamente contribuiu para o desastre.

Mas não precisamos ficar apenas nesse exemplo. Será possível que Pessôa acredite realmente que o receituário do FMI e do chamado "Consenso de Washington" foi favorável às economias nacionais? Consideremos, por exemplo, os casos da Indonésia, do Paquistão, da Tailândia e da Grécia. Acho incrível que alguém ainda suponha que essas receitas possam ter ajudado os povos. Houve, de resto, a tradicional hipocrisia do governo americano, que impunha aos demais países normas a que ele próprio nem cogitava se submeter, uma vez que continuou a praticar protecionismo comercial e, mais tarde, se viu obrigado a intervir nos bancos. Hoje são os próprios organismos responsáveis por aquelas políticas que, cada vez mais, fazem a autocrítica de seu antigo receituário.

Há um outro argumento, contudo, mais importante do que todos os demais: Samuel Pessôa chama a atenção para o papel da China nessa redução da pobreza global. Ora, a China, além da Malásia e da Islândia (num determinado momento), foi precisamente um dos países *que não seguiram as instruções* do FMI. Qualquer que seja a apreciação que se possa fazer do governo chinês — de minha parte, tenho horror a essa mistura de capitalismo e neocomunismo —, é inegável que a política econômica chinesa seguiu um caminho próprio, que não tem nada a ver com o que diz o Consenso de Washington. Aí se tem um caso privilegiado, a partir do qual se vê o quanto a argumentação de nosso economista liberal é sofística. Ela desliza da "globalização" para a "política neoliberal", e o leitor pouco precavido engole o bocado.

De um modo mais geral, deveríamos dizer o seguinte. Para entender o mundo dos últimos cinquenta anos, no seu aspecto político-econômico, é preciso trabalhar com pelo menos três conceitos: globalização, neoliberalismo e capitalismo burocrático. Há um processo geral de globalização. A ele se acrescentou, no Ocidente, uma política econômica ortodoxa que propugnava livre movimentação dos capitais, privatizações, austeridade orçamentária. No caso da China, tivemos uma forma de capitalismo burocrático, filho monstruoso das bodas do capitalismo e do stalinismo-maoismo, um modelo que patrocina um desenvolvimento a toque de caixa num quadro de extrema opressão e exploração dos trabalhadores. Só se pode obter um quadro objetivo da situação atual, e assim avaliar com lucidez e justiça o que está ocorrendo no mundo, quando se faz a distinção correta desses três termos, estudando as relações complexas entre eles. Pessôa não faz isso. A *particularidade* do capitalismo chinês, até onde pude ler, está pouco presente nos seus textos — e de todo modo ele não atenta para ela no artigo em que critica as minhas propostas para a esquerda. Quanto aos outros dois termos — globalização e neoliberalismo —, eles são mais ou menos unificados no artigo do economista. O resultado é uma confusão de conceitos e uma visão do mundo que faz lembrar um pouco, invertendo os sinais, aquela em que incorre o esquerdismo vulgar.

Por trás do supostamente maravilhoso movimento global capaz de reduzir a pobreza, tal como descrito por Pessôa, assiste-se a uma formidável concentração de riqueza no Ocidente, acompanhada de altíssimas taxas de desemprego, bem como, no Oriente, ao funcionamento de um capitalismo selvagem que segue a todo vapor, sacrificando os trabalhadores e poluindo o meio ambiente. Para justificar a sua tese, o pesquisador da FGV se refere não apenas à redução da pobreza, mas também a uma redução mundial da desigualdade. A questão, segundo ele, é que, mesmo se a desigualdade aumenta *internamente* na grande maioria dos países, do ponto de vista global registra-se uma parada no crescimento da desigualdade, por causa da redução da distância entre os mais atrasados e os mais desenvolvidos. O nosso economista grita vitória.

Mas de onde vem essa redução da desigualdade entre os países com efeitos para a desigualdade global e o que significa concretamente? Isso não vem das medidas liberais adotadas na maioria dos casos. Ao contrário, vem precisamente do crescimento chinês, isto é, do empuxe do capitalismo burocrático. Então, de novo, não há que entoar loas ao FMI e aos neoliberais, que têm pouco a ver com os benefícios que se colhem do crescimento daquela que hoje é a segunda maior economia do mundo. De resto, esse dado sobre a queda da desigualdade global não significa muito — além da redução da miséria, que de fato aconteceu, sobretudo na Ásia —, porque o fenômeno vem associado a um aumento da desigualdade nacional, e é essa última que pesa mais no que diz respeito à vida dos agentes, isto é, ao sofrimento deles. O ritmo desses processos é aparentemente um dado quantitativo, global, mas tem, na realidade, sentidos qualitativos, locais. Pessôa passa por cima de todas essas distinções — além de, para tentar fundamentar suas teses, escolher seus exemplos de maneira muito parcial. Temos aí uma boa ilustração de como um discurso recoberto de dados numéricos pode ser, no fim das contas, um discurso pouco rigoroso. Se os conceitos que organizam os dados não servem, não são apropriados, o discurso não tem rigor, o que não significa que possamos desprezar os dados. Eles são condições necessárias, mas não suficientes — e, em certos casos, são mesmo muito insuficientes —, para que se chegue a uma análise objetiva dos processos político-econômicos que se desenrolam no mundo atual.

Por trás da argumentação de Pessôa e de seus pares há sempre a ideia de uma dualidade: ou se aceitam as recomendações do FMI e do Consenso de Washington ou, então, adotamos o modelo da Coreia do Norte ou de alguma ditadura totalitária equivalente — quem sabe, no melhor dos casos, o da Venezuela de Chávez. Monta-se uma armadilha dualista: ou aceitamos as leis do sistema — e aí entra de tudo, da taxa "natural" de desemprego aos inúmeros ingredientes tóxicos de um receituário laissez-faire —, ou então optamos por um regime comunista de liquidação da economia de mercado. Ora, existe um tertius, e este não tem nada a ver com a chamada "terceira via" de Tony Blair, que de terceira não tem nada. Economia de mercado não é a mesma coisa que capitalismo, e menos ainda se identifica com um capitalismo "financeirista".

A crítica ao intervencionismo, mantra dos nossos liberais, tem entre nós alguma coisa de particularmente aberrante. A partir do fato de que Lula e, principalmente, Dilma intervieram *mal* — com a fixação arbitrária de preços; o clientelismo nas nomeações, que levaram a operações ruinosas das estatais; a concessão de facilidades fiscais a empresários, que esvaziaram os cofres do Estado —, os economistas ortodoxos concluem que as políticas keynesianas não servem, nunca serviram, e que o modelo neoliberal é a panaceia para todos os males. Por causa dos desacertos de Dilma, aliás denunciados desde cedo por alguns keynesianos brasileiros, oblitera-se o New Deal de Roosevelt, a política econômica do Partido Trabalhista inglês no pós-guerra e, apesar de todas as suas insuficiências, também as medidas intervencionistas de Obama em relação aos bancos, para dar apenas alguns exemplos. A verdade é que, abandonado a si mesmo, o sistema produz crise sobre crise. Foi assim que se passaram as coisas nos últimos cem anos, excetuado precisamente o período entre 1946 e 1970, em que, nas palavras célebres de um não heterodoxo, todos se tornaram keynesianos. A humanidade deve à política econômica liberal esses dois ricos presentes que foram a Grande Depressão de 1929 e a Grande Recessão de 2008. Passadas as crises, os liberais sempre se lembram de alguma coisa e extraem algumas lições do que se passou. Mas é efeito passageiro, e não demora muito até que se esqueçam delas.[3]

Samuel Pessôa também se invoca com o meu projeto a longo prazo, que é o de "neutralização do capital". Entendo por essa expressão a limitação do campo de ação do capital, bem como da intensidade da pressão social que ele é capaz de exercer. Pessôa escreve: "A defesa da neutralização do capital, se entendi corretamente, é de natureza moral. 'A posse do capital, e também da riqueza que vem do capital, não provém do trabalho do capitalista', declara o filósofo. [...] A posse do capital muitas vezes não é moralmente legítima, pois se origina de herança ou sorte, [...] e mesmo que a fonte do capital seja legítima, isto é, mesmo que o capital inicial tenha vindo do trabalho de seu proprietário, 'a riqueza que advém deste capital inicial como que se autonomiza do seu trabalho, e de certo modo de todo trabalho'".

Afinal, por que criticar o capital e, de forma geral, o capitalismo? Aproveito aqui para dialogar também com Celso Rocha de Barros, que num artigo generoso,[4] em que afirma concordar com as minhas preocupações e com muitas das minhas soluções, abre entretanto uma discussão em torno do mesmo tema. Depois de passar em revista a maioria dos meus argumentos, Celso Rocha de Barros escreve: "Até aqui nossa concordância com as teses de Ruy Fausto é quase integral. [...] Mas discordamos de um dos pontos centrais do programa que ele defende para a esquerda: o anticapitalismo. Na discussão [dele] o termo não se refere a nenhum dos movimentos anteriormente descritos como totalitários. É proposto como um horizonte a ser perseguido inteiramente dentro das regras do jogo democrático. Mas o que, de fato, seria o anticapitalismo?".

Respondendo ao "fogo amigo" de Rocha de Barros, mas voltando também ao fogo menos amigo de Samuel Pessôa... Evidentemente houve muito progresso sob o capitalismo. Muitas coisas úteis foram inventadas e produzidas sob o impulso do lucro — ainda que esse impulso não tenha sido a única causa a mover a criatividade e o avanço humanos. Ao mesmo tempo, o capitalismo produziu e produz desigualdade, produziu e produz sofrimento. Nem de longe se pode isentá-lo completamente de responsabilidade quanto a estas grandes catástrofes humanas que foram as duas Guerras Mundiais. De resto, no que diz respeito ao argumento salientado por Pessôa, acho que de fato o sistema capitalista padece de um problema de legitimação. Seria preciso, de algum modo, justificar a monstruosa acumulação de riqueza nas mãos de alguns, que, além disso, não são necessariamente os que trabalham mais. Como escrevia John Maynard Keynes: "Não existe *nenhum* 'pacto' que possa conferir direitos perpétuos aos possuidores (*those who Have*) ou àqueles que se tornam possuidores (*those who Acquire*). O mundo *não* é governado lá de cima de maneira a fazer com que o interesse particular e o interesse social sempre coincidam. Ele *não* é dirigido aqui embaixo de tal modo que na prática os dois coincidem. *Não* é uma dedução correta a partir dos Princípios da Economia a de que o interesse pessoal devidamente esclarecido trabalha sempre em favor do interesse público. Nem é verdade que o interesse pessoal é, de forma geral, esclarecido [...]".[5]

Minha observação de que falta legitimação ao capitalismo seria uma exigência "moral", como quer o economista liberal com quem dialogo? A resposta é complexa. Diria que ela é mais "crítica" do que propriamente moral, embora não tenha alergia ao adjetivo. E, se ela é moral, não o é mais do que o são as referências de Pessôa à "justiça distributiva". Contudo é preciso dizer mais do que isso. Hoje não vivemos simplesmente sob o capitalismo. Vivemos sob uma forma particular de capitalismo. O capitalismo "financeirizado" ou "acionarista" — escolha-se a denominação que parecer melhor. O que caracteriza essa forma é o predomínio do capital financeiro no quadro de uma economia globalizada. É característica sua a formação de conglomerados mundiais "que ultrapassam tudo aquilo com que poderiam sonhar os barões do século xix", como disse o economista Joseph Stiglitz. O faturamento desses conglomerados é superior ao pib de muitos países. O aumento da desigualdade nas economias do Ocidente, pelo menos, é um dos seus traços, e sob o seu domínio tem se registrado uma alta taxa de desemprego, a rigor um fenômeno quase universal. Esse último traço sobredetermina um longo processo histórico de redução do peso relativo do trabalho na produção. Por outro lado, vive-se uma crise ambiental de efeitos potencialmente catastróficos. Há sem dúvida, dentro do sistema, forças que tentam dar uma resposta a esse desafio ecológico, mas é duvidoso que consigam chegar a uma solução satisfatória.

Nessas condições, creio que o chamado realismo é utópico, e o impulso utópico, realista. Esse suposto realismo, que a rigor é utópico, está presente mesmo nos keynesianos, que tentam pensar as reformas no interior do sistema. De minha parte, creio que não é fantasia de intelectual introduzir no horizonte a imagem de um mundo pós-capitalista. Como insisto no artigo, e depois no corpo deste livro, ele não implica pôr em xeque a democracia, muito pelo contrário, nem liquidar o Estado, e muito menos toda propriedade privada. Trata-se, repito, de *neutralizar* o capital, o que significa frear o seu poder intensivo e extensivo. Há domínios em que ele não deve entrar. E há que criar as condições para que a sua pressão não ameace a Cidade.

Hoje, a ameaça é real. Estamos caminhando para um abismo ecológico, político e econômico. No plano ecológico, vivemos entre a peste e a cólera: ou o acúmulo de CO_2 na atmosfera, ou o depósito funesto de lixo atômico. E catástrofes como as de Tchernóbil e Fukushima não deixarão de se reproduzir no futuro. No plano econômico, já sabemos: em cada país, pelo menos no Ocidente, o desemprego e a desigualdade não recuam. No plano político, o fenômeno mais geral é *um progresso sensível de uma extrema direita populista*. Ora, é inútil negar a relação entre esses dois fenômenos. Se o progresso da extrema direita se assenta também em outros fatores (racismo, chauvinismo), o peso do desemprego e da desigualdade é determinante. E esses dois flagelos são produzidos — no mínimo como um efeito colateral, mas sem dúvida muito mais do que isso — pelo sistema vigente.

Muitos dos defensores do capitalismo atual lamentam a vitória de Donald Trump nas eleições presidenciais americanas. Espanta que eles não se deem conta da contradição que existe nessa atitude, uma vez que há uma relação direta entre os efeitos do capitalismo financeirizado e o evento terrível que constituiu a vitória eleitoral de um aventureiro irresponsável no país mais poderoso do mundo.

Qual a alternativa que oferecem hoje as direitas mundiais? A única alternativa parece ser, por todo lado, a austeridade. Se o nosso economista liberal lesse com alguma regularidade a imprensa europeia, ele não diria que não tem fundamento a minha afirmação de que o Estado de bem-estar está ameaçado. Que Pessôa se informe um pouco sobre o programa com que François Fillon ganhou as prévias da direita francesa: defende-se ali um verdadeiro desmonte da Sécurité Sociale e a eliminação de centenas de milhares de empregos públicos. (Depois dessa vitória, a reação da opinião pública foi tamanha que, com medo de perder num pleito em que não votará apenas a direita, o candidato pôs um pouco de água no seu vinho. Mas não se sabe o quanto Fillon será fiel ao seu programa primitivo, se eleito presidente. Ele diz, em geral, que não cede.)

Se Obama acaba de entregar os códigos atômicos a Trump, a situação europeia faz pensar cada vez mais nos anos 1930. O desemprego — e não a inflação — faz crescer a extrema direita (nos anos 1930, tratava-se da direita fascista; hoje, da populista-extremista). O Front National francês estará quase certamente no segundo turno das próximas eleições presidenciais francesas, e o partido de Marine Le Pen se entende bem com o presidente russo, Vladimir Putin, que aliás em parte o financia. Essa coalizão de extremas direitas populistas, que emerge progressivamente, incorpora também Viktor Orbán, na Hungria, e partidos irmãos da Áustria, da Alemanha, da Holanda e de outros países. A ortodoxia econômica, com os seus limites orçamentários europeus que asfixiam o investimento, tem pelo menos alguma responsabilidade nisso.

Assim também o FMI e o governo Clinton tiveram responsabilidade no desastre que representou a transição russa. Eis aí outro exemplo — talvez o melhor deles — de como, em lugar de operar a passagem do totalitarismo burocrático para uma "economia de mercado", o que se fez, por meio da liquidação política e econômica da classe média russa, foi trocar o totalitarismo burocrático por um capitalismo selvagem. O resultado foi a emergência de Putin, entronizado por Boris Iéltsin, que recebera a unção da finança internacional. Mais tarde o governo hiperautocrático de Putin tomará distância em relação ao FMI, enveredando por um caminho que tem alguma coisa em comum com o da China. Um resultado desastroso para o mundo que também se revelou danoso para os próprios Estados Unidos.

Samuel Pessôa se pergunta: "Fausto rejeita a experiência social-democrata?". Um outro crítico — o mesmo que, sem mencionar o meu nome, reclamou da presença do totalitarismo como tema — estranha que eu esqueça aquela "parcela da esquerda brasileira que há anos rechaça práticas do totalitarismo", especialmente a que "assumiu como central a perspectiva da 'democracia como valor universal'".

O que penso da social-democracia e por que não falo da esquerda democrática? Começo pela segunda questão. Que esquerda democrática é essa? Ela existe na pessoa e na consciência de muita gente que conheço, e é em especial a esses que, precisamente, me dirijo. Mas, em termos partidários ou institucionais, onde está ela, no Brasil? No PT? Se o PT não é em geral totalitário, ele é semipopulista, e isso vale, em boa medida, também para o PDT. No PSDB, no PPS?[6] A militância desses partidos não é pró-totalitária, mas, em compensação, acho que há bastante tempo deixou de ser de esquerda. Colaborar para a fundação de uma esquerda democrática, *porém livre das duas patologias complementares*, é precisamente o projeto do artigo e deste livro. Daí a necessidade de tratar das três patologias.

Quanto ao que penso em geral da social-democracia, costumava-se tradicionalmente, nos meios de esquerda, e especialmente de extrema esquerda, fazer a crítica conjunta da social-democracia e do socialismo burocrático. O diagnóstico tradicional era o de que, se os dois representavam um impasse, de qualquer modo o socialismo burocrático, pelo menos nas suas origens leninistas, era um mal menor, ou tinha conserto, enquanto a social-democracia traíra definitivamente o socialismo. Para começo de conversa, eu diria que ocorre exatamente o oposto. Quaisquer que tenham sido os erros e descaminhos da social-democracia — e alguns foram graves, principalmente a atitude de muitas direções social-democratas em face da Primeira Guerra Mundial —, o leninismo-stalinismo (não confundo as duas coisas, mas há alguma continuidade entre elas) foi certamente muito pior. Apesar dos pesares, a social-democracia não produziu gulags nem genocídio, mesmo se parte dela apoiou a grande carnificina que foi a Primeira Guerra Mundial. E por que não reivindicar simplesmente a social-democracia? Como se vê pela versão completa do texto, que publico neste livro, eu não deixo de destacar com elogios a figura de alguns grandes social-democratas como o francês Léon Blum e o sueco Olof Palme. Mas, como já indiquei, a social-democracia teve também o seu lado sombrio; basta pensar, entre outros exemplos, na política colonialista do francês Guy Mollet. Há, por outro lado, certas exigências que se impõem à esquerda atual e que vão além ou de encontro ao projeto social-democrata. Principalmente duas: a atitude em relação ao Estado — a social-democracia foi sempre unilateralmente estatista — e o fato de que ela não cultivou a crítica ecológica do "progresso". Tudo somado, a social-democracia teve o mérito de ter recusado o projeto comunista da Terceira Internacional.

Há, no artigo de Samuel Pessôa, uma espécie de desconfiança, ou mal-estar, relativa ao meu projeto político. Numa passagem do artigo que escrevi para a *piauí*, e que chamou a atenção do pesquisador da FGV, afirmo que, "se não se trata de liquidar o setor privado, no programa que aqui se propõe, é de todo modo preferível que as grandes empresas tenham como acionista majoritário o Estado", pois "a alternativa não é 'monopólio versus empresa privada livre', mas sim, quase sempre, 'monopólio público versus monopólio ou oligopólio privado'". Pessôa comenta: "Se entendo bem o que ele diz, um candidato que vencesse uma eleição presidencial e quisesse colocar em prática o programa de Fausto teria, como uma de suas primeiras medidas, que estatizar Itaú, Bradesco e Santander, além da Vale. Talvez também as montadoras de automóveis, a Embraer, as grandes redes varejistas, e sabe-se lá quantas mais".

É preciso esclarecer o seguinte: em primeiro lugar, a passagem do meu texto que o economista destaca exprime um juízo de ordem geral que deveria valer a longo prazo. Mas, na realidade, nem mesmo isso. Digo "preferir" a propriedade do Estado à propriedade privada quando se trata de grandes empresas (sem estipular, de resto, em que limites se define uma "grande empresa"). Porém, ao dizer isso, não afirmo que a propriedade estatal das empresas seja sempre, ou mesmo em geral, a melhor solução. Porque na realidade as alternativas não são duas, mas três: propriedade privada, propriedade do Estado e propriedade cooperativa. Há cooperativas de produção, de consumo e de crédito, e, se em alguns casos o Estado não está inteiramente ausente, trata-se de um Estado que poderia evoluir na direção de maior participação popular. É esse último modelo que me parece ser o que oferece maiores vantagens e menos inconvenientes, ainda que a sua implantação também exija prazos e condições e que em princípio ele deva ser pensado em coexistência com outras formas, não hegemônicas, de propriedade. A grande propriedade do Estado é, em geral, uma solução melhor do que a grande propriedade privada. Mas uma grande concentração do poder econômico nas mãos do Estado tem seus inconvenientes e não é a solução. Se o comunismo está morto, e as desvantagens do estatismo são visíveis, um socialismo democrático e ecológico que promova uma economia solidária e cooperativista parece ser a única alternativa ao capitalismo selvagem que se espraia e que ameaça destruir o nosso mundo.

Pequeno excurso histórico-teórico: Se quisermos situar essa discussão num plano mais amplo, seria preciso dizer que havia, no século xix, de onde derivam as principais tendências da esquerda contemporânea, três linhas de pensamento crítico. Poderíamos denominá-las, respectivamente — foi assim, pelo menos, que durante muito tempo elas foram conhecidas —, "comunista", "socialista" e anarquista. A primeira atribuía um papel muito importante ao Estado, embora apontasse, como objetivo final, para uma sociedade mais ou menos transparente, sem Estado nem propriedade privada. Marx é o grande representante dessa tendência. A segunda, cujas figuras constituem uma galáxia com posições diversificadas, desconfiava seriamente do Estado, e, em contraposição ao objetivo que visavam em última instância os comunistas, não se propunha liquidar, mas sim limitar, a propriedade e a chamada "economia de mercado". A esse universo pertencem algumas figuras a que me referi no corpo deste livro: Pierre Leroux, os críticos "ingleses" da economia política (Hodgskin, Bray...), também gente como o economista suíço Simonde de Sismondi, além de Proudhon e outros. Os anarquistas, por sua vez, queriam liquidar o Estado "desde logo". A sua grande figura no século XIX foi, como se sabe, Bakunin. No que me concerne, pelo menos no que se refere ao projeto político mais geral, eu não teria dificuldade em me situar no campo "socialista", e não no "comunista" (nem no anarquista). Mas há aí alguns problemas.

Em relação à teoria, Marx é muito mais forte do que os seus contemporâneos. E, por essa razão, justificadamente, ele continua sendo, sob certo aspecto pelo menos, a grande referência. De minha parte, penso que, se o projeto político comunista de Marx é insustentável, a sua crítica da economia política, mesmo se ela também tem de ser reescrita, é um grande modelo. (Ser mais forte em teoria não implica ter feito as melhoes opções em seu projeto político; não implica nem mesmo — o que é menos evidente à primeira vista — ter sempre razão contra os seus adversários em matéria teórica.) Mas, reafirmando a importância do legado teórico de Marx, saliento que o projeto político que esbocei — e que não é certamente apenas meu — é cooperativista, de economia solidária, e não marxista. Porém a "repescagem" de Marx se impõe, e por razões que vão mais longe do que a da superioridade teórica marxiana. É que, se o outro grupo tinha a vantagem de não ser "comunista", nem prometeico, a preferência de muitas das suas figuras (não todas) pelas pequenas unidades produtivas e pela descentralização ia às vezes longe demais, configurando um estilo "antimoderno" (uma economia cooperativa pode comportar grandes unidades e não exclui, pelo contrário, exige, certo tipo de centralização). Nesse sentido, deve-se dizer que a boa direção para a nossa navegação politica é a que indica uma linha que liga os socialistas ditos "pequeno-burgueses" e a crítica marxiana da economia política. Os primeiros nos protegem contra as ilusões da sociedade transparente e contra a condenação de toda economia de mercado. A última (desde que passada pelo crivo da crítica contemporânea, como de resto também a primeira) é uma espécie de garantia de modernidade e de fidelidade iluminista ao que pode haver de bom no "progresso". Em suma, pode parecer banalidade unanimista — não o é, porque se trata precisamente de mostrar em que uns e outros são atuais —, mas precisamos, de uma forma ou de outra, do conjunto da herança crítica socialista-comunista do século XIX.

No centro do texto de Pessôa está a defesa do governo de Fernando Henrique Cardoso e da figura do ex-presidente. Tanto assim que o subtítulo do artigo o nomeia expressamente. O economista me acusa de "demonizar" FHC e de avaliar apressadamente o seu governo. Abrindo o foco da sua atenção, deixando um pouco de lado o meu caso particular, o articulista então se refere "à relação passional de muitos dos seus líderes [da esquerda] e de quase toda a sua militância com o governo FHC". Devo dizer desde logo que não demonizo Fernando Henrique, e que não tenho nenhum tipo de preconceito contra ele. Eu o conheci há muito tempo, assim como conheci Ruth Cardoso. Os nossos contatos foram sempre irregulares e indiretos, mas nunca houve hostilidade.

Resta avaliar a trajetória de Cardoso do ponto de vista de alguém que se considera de esquerda, de certa esquerda. A trajetória de FHC foi dupla: uma, digamos, propriamente política, e outra político-econômica. Sociólogo de esquerda, autor de livros que se tornaram clássicos, no início da redemocratização Fernando Henrique foi um dos fundadores de um partido, o PSDB, que na origem e no nome se apresentava como social-democrata. Ocorre que desde cedo os tucanos, como vieram a ser conhecidos, se dispuseram a fazer alianças com diferentes siglas partidárias, em particular o PFL, claramente de direita, mas também, formal ou informalmente, com o PMDB e outros partidos. Ora, se é correto criticar o PT por ter enveredado, por seu jogo de alianças, pelo caminho da *realpolitik*, eu não vejo por que razão não faríamos a mesma crítica ao PSDB e a Fernando Henrique. Dir-se-á que outra atitude por parte de FHC implicaria uma marginalização — não certamente, de resto, há várias maneiras de fazer política. Eu diria que convém a um intelectual de esquerda aceitar eventuais marginalizações para não pagar o preço dos compromissos funestos. FHC fez o que fez o PT, porém em versão mais grave, na medida em que se aliou em termos estratégicos — muitas vezes também em termos programáticos — a partidos de direita. O PT também fez esse tipo de aliança, é verdade, mas de modo mais circunstancial. Fazer alianças com o PFL e com o PMDB — isso para não falar das práticas de integrantes do próprio PSDB — significou se comprometer com o sistema nacional de corrupção. A tutela da Polícia Federal e do Ministério Público caracterizou os governos de Cardoso, mas não os de Lula nem os de Dilma; eis aí uma diferença importante. E não se sabe quanto custou em propinas o financiamento da reforma constitucional que permitiu a reeleição de Cardoso.

Ao tratar dos dois mandatos presidenciais de Fernando Henrique Cardoso, Pessôa se pergunta: "Há modelo alternativo — e superior, segundo o critério de melhorar a vida dos mais pobres — à política econômica e social do período em que Pedro Malan e, em seguida, Antonio Palocci estiveram à frente do Ministério da Fazenda?". Sua resposta à pergunta, ele nos diz, é um "sonoro 'não'".

O que pensar, de fato, dos dois mandatos de Fernando Henrique? Eleito em 1994, na esteira da aprovação do Plano Real, Fernando Henrique fez uma manifestação pública de adesão ao liberalismo econômico no seu famoso discurso no Senado. O documento dá testemunho de uma verdadeira iluminação na estrada de Damasco. A era Vargas, caracterizada pelo intervencionismo, teria terminado. Com ela, caía o modelo que "sufocava a concorrência necessária à eficiência econômica e distanciaria cada vez mais o Brasil do fluxo das inovações tecnológicas e gerenciais que revolucionavam a economia mundial". No lugar desse modelo, FHC propunha "um novo modo de inserção do país na economia internacional". Há aí, como se percebe, uma verdadeira conversão, que deve ser entendida a partir do que ele escreve num de seus livros autobiográficos. A queda do Muro de Berlim, explica-nos FHC, o convencera a aceitar o sistema.

Pessôa comenta a minha maneira de encarar essa virada: "Para Fausto — como para o restante da esquerda brasileira —, o problema é Fernando Henrique. O filósofo descreve da seguinte forma a conversão do grupo político de FHC 'à direita': 'Houve uma espécie de aceitação da ideia de que não haveria alternativa ao liberalismo econômico'. Fausto nos diz que essa conclusão foi apressada. Ora, apressada é a conclusão de Fausto de que a conclusão de FHC é apressada". Será?

Acho que estamos diante de um problema importante, que ultrapassa a questão da trajetória de Fernando Henrique. Por que fiz aquelas afirmações? É que a conclusão que muitos tiraram da queda do Muro — conclusão apressada, eu insisto — é a de que ele implicou a vitória definitiva do capitalismo, com o seu corolário prático: a necessidade da adesão, sem muitos escrúpulos, ao capitalismo. Não penso assim. O fim da União Soviética e do seu bloco de países "aliados" implicou, em primeiro lugar, o fim do leninismo-stalinismo. Este caiu, chegou ao fim, e não houve dúvidas. Se já não o era, ficava então evidente, com a queda do Muro, tudo aquilo que no leninismo-stalinismo fora não só errado, política e moralmente, mas também inviável. Porém houve mais do que isso: caiu também o "comunismo" como projeto de nacionalização do conjunto da economia e de supressão, a longo prazo, de toda propriedade privada. Parece-me, de toda forma, que não caiu, entretanto, com o Muro, aquilo que no século XIX e em boa parte do século XX se chamava de "socialismo": um projeto que não implica um Estado onipotente nem propõe o fim da propriedade privada. Ou, em outros termos, o que resultou da morte do comunismo não foi a legitimação do capitalismo, mas, algo um pouco diferente — e a nuance é essencial —, a legitimação da *economia de mercado*, o que é outra coisa.

Ora, em diversas ocasiões, por bons ou por maus motivos, tomou-se a morte do comunismo como prova de que o capitalismo é o melhor regime. Cardoso incorreu nesse erro, e isso selou todo o resto da sua carreira política. Já no primeiro mandato, ele se propôs um projeto de privatizações que tinha, a meu ver, um caráter claramente ideológico. Privatizar, esse seria o melhor caminho para o avanço da economia brasileira. (Já deve ter ficado claro ao leitor que esta não seria a minha escolha; menos por amor ao Estado do que por alergia ao grande capital privado.) Foi esse o caminho pelo qual Fernando Henrique enveredou, num processo cujos detalhes importa conhecer. Um processo duvidoso pela evidente promiscuidade entre o público e o privado com que se realizou.

Com as privatizações, vieram outros ingredientes do liberalismo econômico: liberdade de capitais, câmbio valorizado. Acho que o projeto funcionou mal, com falências e desemprego. Houve mesmo grande oposição interna. No segundo mandato, em consequência sobretudo da crise internacional, optou-se pelo câmbio flutuante. Mas a taxa de desemprego permaneceu altíssima. É esse o governo que deveria servir de modelo para a esquerda brasileira?

Pessôa assevera que houve continuidade entre esse segundo mandato de FHC e o primeiro mandato de Lula, pelo menos. Deve ter havido, sim, certas linhas de continuidade. A diferença é que Lula pôs em prática uma política redistributiva muito mais

144

ampla: a grande implementação do Bolsa Família, a consequente expansão de uma economia de mercado popular, a diminuição não só da pobreza e da miséria, mas também da desigualdade dos rendimentos, além da criação de uma Secretaria Nacional de Economia Solidária, que poderia ser o germe de uma eventual economia cooperativista em maior escala. O economista insiste em que uma parte desse projeto data do mandato de FHC, que o Bolsa Família foi projetado por quadros "neoliberais", o PT custou aliás a aceitá-lo, e a ampliação dele teria se tornado possível porque a situação econômica melhorara. Isso é em parte verdade, em parte improcedente pelo menos como julgamento (por exemplo, as hesitações do PT, buscando outros tipos de planos, eram justificáveis). O fato é que, por uma razão ou por outra, o grande plano redistributivo ocorreu sob Lula, e não sob Fernando Henrique (e quem nos garante que FHC faria o mesmo?), o que não quer dizer que o governo petista tenha sido extraordinário.

Se Lula não fez, como deveria ter feito — é Pessôa que o diz —, uma reforma tributária, Fernando Henrique também não a fez. Se até aí já não vejo razão para idealizar nem o governo de FHC, nem em geral a sua figura política — mesmo se é verdade que o governo tucano promoveu programas sociais e obteve alguns bons resultados no plano da saúde, em particular com a implantação dos medicamentos genéricos —, creio que a trajetória posterior de Fernando Henrique torna ainda mais difícil a tentativa de fazer dele um herói social-democrata, como parece querer Samuel Pessôa.

Originário da centro-esquerda, Fernando Henrique — como escrevo no corpo deste livro — é a meu ver de centro-direita, mas os seus compromissos políticos o levaram a conviver num partido em que há gente de direita-direita, como Geraldo Alckmin — ainda que os dois não se amem —, e a compartilhar do destino desse partido. Assim, FHC participou da campanha do impeachment (algo, no meu entender, inaceitável, quaisquer que tenham sido os erros, graves, de Dilma), campanha que teve como resultado a ascensão de Michel Temer à presidência, num clima em que não só a direita mas também a extrema direita levantou a cabeça. Derrubada a presidente, Fernando Henrique apoiou Temer. O que mais seria preciso para deixar claro que a esquerda não pode se entender politicamente com FHC, embora não seja o caso de demonizá-lo?

Pessôa nos lembra do acerto do Plano Real e aponta o erro da esquerda ao não apoiá-lo. Ainda que o plano tenha sido feito no governo anterior, não há nenhuma dúvida sobre o papel central de Fernando Henrique na sua implementação, ocorrida em boa medida quando o sociólogo era ministro da Fazenda. Ali se tratava — como já observei no miolo deste livro — de um ajuste técnico necessário para impedir não apenas um simples incremento da inflação, mas sim um aumento colossal do nível dos preços, que ameaçava todas as classes sociais. Medidas desse tipo são na realidade excepcionais. Em geral, as medidas econômicas servem a algumas classes e desservem a outras — o Brasil, ou qualquer outro país, *não* é uma grande família. Mas de fato, no caso do Plano Real, não se tratava exatamente de um problema de contraposição de classes. E digo sem rodeios que a esquerda errou ao se opor ao plano — opinião que é compartilhada por mais de um economista de esquerda.

Isso não significa — retomo o que escrevi no corpo deste livro — que se possa confundir o significado do Plano Real com o da PEC do teto dos gastos federais, confusão em que, deliberadamente, incorre Pessôa. A PEC que institui o teto dos gastos significa, de uma forma ou de outra, direta ou indiretamente, uma política de austeridade.[7] Querer aprovar um plano de austeridade que afetará a Previdência, os serviços de saúde e a educação, na situação em que se encontra o povo brasileiro, é, e digo isso sem demagogia, uma violência contra os mais fracos. Se é preciso economizar, que se o faça depois de uma reforma tributária ou junto com ela: o famoso bolo que seria dividido no futuro é na realidade repartido todos os anos, mas em forma leonina, em desfavor dos mais pobres. Se é preciso economizar, que se indique precisamente *em que se economiza*. E, se uma reforma da Previdência provavelmente se impõe, que não seja uma contrarreforma. O poder atual, apoiado pelo conjunto da direita, não se limitou a votar uma simples lei de austeridade. Contra a opinião de 60% da população brasileira, e não por acaso, ele fez questão de colocar tudo isso na Constituição, e por vinte anos. Estamos diante de uma promessa irresponsável de sofrimento e de caos.

Além de esboçar no horizonte um modelo político-econômico, propus (no artigo e, agora, no livro) algumas medidas que me parecem se impor na situação atual. Em particular, relativas à tributação. Pessôa se declara em geral favorável a elas, mas ao mesmo tempo faz críticas às minhas formulações. Ele escreve: "Outra proposta de Ruy Fausto é tributária. É preciso cobrar mais dos mais ricos, ele diz, aumentando a progressividade dos impostos — quem ganha mais paga uma fração maior de tributos em relação a sua renda. Difícil não concordar com essa proposição, que de resto é factível. Há caminhos para elevar a progressividade de nosso sistema tributário. Um imposto sobre heranças é totalmente defensável do ponto de vista da justiça distributiva". Menos mal, há acordo em relação a alguma coisa. E ele acrescenta (preparando uma carga contra o PT, que não teria feito nada, nesse registro): "A um ou outro leitor poderá espantar que um professor de economia liberal concorde com a esquerda quanto à possibilidade de se cobrar mais impostos dos mais ricos". Muito bem. Só que aqui eu gostaria de voltar aos meus argumentos para desenvolvê-los um pouco, e discutir alguns pontos em que há controvérsia.

Antes de mais nada, eu insistiria, em primeiro lugar, sobre o que existe de mistificador no argumento utilizado à saciedade para justificar políticas neoliberais, o de que o nível dos impostos no Brasil é muito alto. Isso é pontualmente verdade, a porcentagem dos impostos sobre o PIB é uma das mais altas do mundo. Porém, se isso é verdade — como diria um trágico grego —, essa verdade é má. É má porque não se precisa que tipo de imposto é responsável pelo nível dessa carga. Na realidade, se o índice geral foi de 33,4% em 2014, o que é muito, ver-se-á que, ao contrário do que acontece na maioria dos outros países (pelo menos tomando como base os países da OCDE), o peso maior recai não sobre impostos diretos e progressivos, mas sobre impostos indiretos e não progressivos. Assim, segundo os dados de Sérgio Wulff Gobetti e Rodrigo Octávio Orair, na publicação do Ipea "Progressividade tributária: A agenda negligenciada", 8,1% de impostos incidem "sobre a renda e a propriedade, 9,6% sobre folha de pagamento (incluindo contribuições sociais) e 15,7% [...] sobre bens e serviços. A média dos países da OCDE equivale a mais ou menos 34% do PIB", mas "tributa em 13,1% a renda e a propriedade, 9,3%" correspondem à "folha salarial e apenas 10,5% nos bens e serviços".

O sistema tributário brasileiro é brutalmente injusto, se o compararmos com as normas vigentes na maioria dos países, desenvolvidos ou em desenvolvimento. Eis os pontos em que a nossa legislação fiscal é particularmente injusta, e em que urge introduzir uma correção (indico ordens de grandeza): 1) A progressão do imposto de renda é muito desfavorável às camadas médias, beneficiando os mais ricos. A alíquota mais alta é de 27,5%. Na França, por exemplo, utilizando uma tabela simplificada, haveria ainda dois níveis além do de 30%, que se aproxima da alíquota máxima no Brasil: 41% e 45%. Mas em outros países, e em outras situações, o imposto de renda pode ser ainda mais alto. 2) O imposto de transmissão intervivos, no Brasil, também é muito baixo. Da ordem de 3%. Na França, ele pode chegar a 45% ou até 55%. 3) O imposto sobre herança também é comparativamente baixíssimo: 3,9% é a alíquota média. A alíquota francesa vai de 5% até 40%. 4) A Constituição de 1988 previa um imposto sobre grandes fortunas, como existe na França. Quando era senador, FHC apresentou uma proposta nesse sentido, em 1989, mas ela ficou perdida nas gavetas do legislativo, e quando presidente ele não parece ter se mobilizado para que a proposta fosse definitivamente aprovada. Deputados do PSOL apresentaram outra proposta em 2008, que prevê alíquotas de 1% a 5%. Ela foi aprovada pela Câmara e pelo Senado, mas, pelo que sei, não foi até aqui implementada. 5) Not least, o imposto sobre lucros advindos da propriedade de ações é taxado, no Brasil, em... 0%. De fato, os lucros provenientes de ações de pessoas físicas são isentos de taxação. A acrescentar a sonegação e a evasão do imposto de renda.

Samuel Pessôa está de acordo comigo, em geral, tanto sobre os dados como sobre a legitimidade de uma alteração da legislação, porém põe alguns pontos em discussão. Ele discute uma comparação exemplificativa que fiz sobre o nível relativo de imposição que incide sobre diferentes classes no Brasil, o que introduz, entre outras coisas, a questão do imposto sobre os dividendos de ações de pessoas físicas. Em segundo lugar, ele faz objeções ao que escrevi a respeito de sonegação do imposto de renda, no Brasil. Escreve o economista: "De tudo isso se percebe também que Fausto confunde um pouco as coisas, ao tratar do tema tributário. Quando afirma que uma modesta secretária paga de imposto o mesmo que um banqueiro, o professor da USP comete um erro. O imposto de renda da pessoa jurídica sobre o lucro dos bancos é [...] de 40%, alíquota nada desprezível. Adicionalmente, na renda que aufere como executivo do banco, o banqueiro paga os 27,5% do imposto de renda da pessoa física, além da contribuição para a previdência de 11% do seu salário (os executivos dos grandes bancos trabalham no regime CLT). Pode-se argumentar, e faz todo sentido, que a escala poderia ser mais ascendente, com alíquotas ainda maiores. Mas é indubitável que, mesmo sem essa reforma, o banqueiro já paga mais imposto, tanto do ponto de vista absoluto quanto proporcionalmente à sua renda, do que a secretária". Pessôa tem razão ao afirmar que, diferentemente do que ocorre para a pessoa física, a legislação brasileira prevê um imposto de aproximadamente 40% sobre a pessoa jurídica. Mas isso seria uma razão para zerar o imposto sobre lucros de ações de pessoa física? Distinguindo os vários tipos de impostos sobre lucros de pessoa jurídica, Samuel Pessôa tenta justificar a isenção. Não quero entrar em discussão de matéria tão técnica com o economista (mas, como sempre, esses problemas não são apenas "técnicos"). Observaria, entretanto, ecoando o que dizem economistas críticos, que se trata, de qualquer forma, de duas pessoas diferentes, mesmo se uma delas é uma pessoa jurídica na qual a pessoa física figura como sócia. Mas, para além disso, há um fato que diz muito em favor de uma imposição daqueles lucros. Entre os membros da OCDE, organização que reúne os principais países desenvolvidos e alguns países em desenvolvimento, só um, um pequeno país ultraliberal, a Estônia, não cobra impostos sobre lucros em dividendos de pessoa física.[8] A isenção também existe no Brasil. Assim, mesmo se indiretamente "sofre" com a imposição sobre os lucros auferidos pelo banco, o banqueiro não só paga a mesma alíquota da secretária, mas ainda é dispensado de uma parte, que pode ser importante, dos lucros que recebe.

No que se refere à sonegação, lê-se no artigo de Pessoa: "Também é difícil concordar com Fausto quando ele afirma que 'no Brasil, embora tenha havido algum progresso, a sonegação continua sendo enorme'. Não sei qual é a fonte que o professor da USP utiliza, mas parece-me improvável, num país emergente em que se constata uma arrecadação de quase 35% do PIB, haver muita sonegação. Se a sonegação fosse tão elevada, como ele diz, a arrecadação como proporção do produto simplesmente não seria tão alta. Parece que Fausto confunde sonegação, que é ilegal, com elisão fiscal, como é o caso dos regimes tributários especiais, que é legal". Na minha referência, eu visava tanto a sonegação propriamente dita como a evasão (digamos, os depósitos ilegais no exterior). Às quais Pessôa acrescenta as isenções, que são em parte justificáveis — hospitais, cultura etc. — em parte abusivas. De qualquer modo, a indicação da porcentagem geral da arrecadação como índice de que a sonegação e a evasão não seriam altas é enganosa, pelas razões apontadas: se o nível da arrecadação é alto, é principalmente por causa dos impostos indiretos e não progressivos.

No mais, se presumi que, no Brasil, o conjunto da sonegação fosse considerável — além das conclusões a que se é tentado a chegar diante do espetáculo dos milhões depositados no exterior pelos Eduardo Cunha e pelos Sérgio Cabral —, foi em parte por razões impressionistas, mas que indiretamente se fundam em experiências significativas. Vivo no meio de gente que paga imposto de renda tanto na França como no Brasil. A opinião geral, com base na experiência, é a de que a cobrança do imposto por parte do Brasil sempre foi muito mais laxista do que a francesa, embora a situação pareça se ter modificado nos últimos anos, ou estar em curso de alteração. Vai no mesmo sentido — muita evasão, mas controle melhor nos últimos anos — um dado recente da imprensa francesa. Um artigo publicado recentemente no *Journal du Dimanche*, que utiliza dados da OCDE, trata da recuperação de depósitos ilegais no exterior. A articulista afirma, com a OCDE, que o recordista entre quarenta países, quanto ao volume do dinheiro recuperado nos últimos oito anos, é o Brasil: 14,4 bilhões de euros.[9] A propósito, supõe-se que o total mundial do dinheiro depositado em paraísos fiscais seja da ordem de 5,8 trilhões de euros, dos quais 4,7 trilhões, 80%, não são declarados. A perda anual, em termos mundiais, por causa da sonegação acobertada pelo segredo bancário é calculada em 130 bilhões de euros.[10]

Porque dediquei uma parte do meu artigo (e, agora, deste livro) a analisar o discurso de ideólogos da direita, e também a tentar entender como e por que eles passaram da esquerda ou da extrema esquerda para essa posição, como aconteceu com vários deles, Pessôa me acusa de dogmatismo: "Surpreende que Fausto em nenhum momento cogite que essas pessoas, que fizeram a transição ideológica da esquerda para a direita, possam simplesmente ter pensado melhor e chegado à conclusão — como resultado de suas experiências de vida, de sua leitura da história e da história econômica e, possivelmente, de sua compreensão do funcionamento das sociedades — de que a posição mais razoável é a que hoje defendem. E que, além disso, é ela também a melhor e a mais benéfica para o conjunto da sociedade. Ao que tudo indica, Fausto, [...] não considera a possibilidade de que alguém com boas intenções possa pensar diferente dele". Devo afirmar que não há dogmatismo na minha atitude. Que Pessôa observe bem: eu não critiquei, *em geral*, quem pensa à direita. Nem mesmo, *em geral*, aqueles que simplesmente passaram da esquerda, ou da extrema esquerda, para a direita. Há outros jornalistas e ideólogos nessa situação, e não por acaso, não me ocupei deles. Os ideólogos que critiquei são certamente casos muito especiais. É gente que professa um ódio radical à esquerda, e um dogmatismo que chega à caricatura.

Da primeira figura que comentei, citei um texto em que Theodor Adorno e Foucault aparecem alinhados com Stálin e até com Hitler... De resto, o mesmo senhor (que, aliás, no que escrevia no final dos anos 1990 não parecia tão extremista assim) faz o elogio do deputado Jair Bolsonaro, cujas posições extremas conhecemos, e até do coronel Ustra. Nesse último caso, a justificativa parece ter sido a de que este não teria posto a mão na massa, isto é, não teria se implicado imediatamente nos atos horríveis de sua responsabilidade. Um argumento que o ideólogo recusou explicitamente, quando discutia com certos representantes da esquerda mais violenta. Quanto ao segundo ideólogo a que me referi, acho que deixei claro qual era, pelo menos, o seu estilo. Ele costumava mexer não com os textos mas com o autor deles, e às vezes — pior do que isso — com o pai e a mãe do autor; e também com a sua condição física. É esse tipo de gente e de discurso que critiquei, não jornalistas de direita quaisquer, como existem muitos, melhores ou piores, e originários ou não da esquerda. Quanto à terceira figura (no artigo, só me referia a três), ele me irrita muito, do mesmo modo que, na esquerda, Žižek me irrita. Há nos dois casos um gosto visível por épater o leitor — que no caso do brasileiro, vai junto com uma atitude de quem o acaricia — que me parece extremamente desagradável, principalmente de parte de alguém com certa formação.

Termino reafirmando o que digo no final do corpo deste livro sobre a situação atual do Brasil. Creio que vivemos um momento extremamente perigoso. O perigo começou propriamente com o impeachment, jogada golpista, aventureira e injustificável, quaisquer que tenham sido os erros de Dilma ou do PT. Há um clima malsão de ataque extremista contra a esquerda, que lembra os idos de 1964. Pergunto-me por que tanto ódio, já que o PT não pôs em prática nenhum programa muito radical.

Sem dúvida, a situação geral no final do governo Dilma era ruim (como continua sendo), e era normal que houvesse descontentamento. Mas ele se exprime por uma violência extraordinária e sua visada é seletiva. Por que tais ataques? Seria por causa da corrupção? Hoje porém fica claro para todos que os escorregões do PT, por muito graves que tenham sido, não foram os únicos. Todo o sistema estava comprometido. Seriam os erros cometidos por Dilma? Creio que também não. Acho que a verdadeira razão do ódio que a chamada opinião pública tem pelo PT e pela esquerda em geral — queiramos ou não, esses dois alvos aparecem juntos (mesmo se em essência eles não se confundam!) — é o fato de que, bem ou mal, esse partido e Lula se apresentavam como representantes dos mais pobres. Quem ocupa esse lugar, seja qual for a verdade da representação — no duplo sentido da palavra —, é amaldiçoado pela opinião dominante (que é a opinião da direita, mas arrastando muita gente indecisa).

A acrescentar o lado propriamente simbólico disso tudo: as classes dominantes do país nunca engoliram o fato, escandaloso, de ter um operário como presidente. É mais do que podem tolerar. Nesse sentido, deve-se defender Lula, mas que se o faça sem pôr de lado a crítica, e sem apostar muitas fichas nem na sua carreira futura nem na do PT. Claro que se a oposição interna mais lúcida vencer — o que me parece bastante improvável — não há por que recusar um PT plenamente renovado. A mesma coisa se houver ruptura e surgir um novo partido. Entretanto seriam muito grandes os obstáculos que teria de enfrentar essa formação nova ou renovada.

Nada disso exclui a necessidade de dispor de um organismo mais amplo. Nas condições atuais, estou convencido de que a esquerda tem de ter por base não um partido, mas uma frente congregando simpatizantes de vários partidos e também *independentes*. É, a meu ver, por aí que se abrirão as melhores possibilidades de luta. Promissora seria a situação de uma frente congregando tanto aqueles que não querem se separar do seu partido de origem (PT ou outro) como os que se separaram dele ou nunca estiveram em partido nenhum. Na realidade, há muitos nessa última condição, e, por esse motivo, não creio que as perspectivas da esquerda sejam desfavoráveis. Se ela conseguir dominar uma nova linguagem e um novo estilo de fazer política, salvo surpresas desagradáveis, suas possibilidades de êxito são reais, mesmo a curto prazo.

Apêndice II

Segunda resposta ao economista liberal

O número 126 da revista *piauí* traz mais um texto do economista Samuel Pessôa, "Utopia e pragmatismo", o quarto da polêmica que se instaurou entre nós, e cujo ponto de partida havia sido o meu artigo "Reconstruir a esquerda", publicado no número 121 da mesma revista. Uma nota da redação inserida no final do texto indica que, com ele, a discussão — que, convenhamos, já se estendera muito — estava encerrada. Mas os problemas que esse último escrito levanta, explícita ou implicitamente, são fundamentais, e por isso decidi fazer mais um comentário crítico, que serve de segundo apêndice a este livro.

1. A primeira coisa a dizer sobre essa nova intervenção do economista liberal é que ele se insere de um modo exemplar no universo do *senso comum*.

Para o economista, de um lado estaria um espírito realista (ele mesmo), cultor da "evidência empírica" e das "experiências reais", cujo olhar é "pragmático e cético" e a leitura mais "complexa" do que a do seu adversário; de outro (o autor destas linhas), alguém cuja posição é "idealista ou utópica", que pratica um "desejo de mundo", que navega num "mundo ideal" e descarta "quase todo exemplo histórico objetivo", que sugere, enfim, "opções que não existem ou que pelo menos nunca existiram, até hoje, em nenhuma experiência concreta de sociedade".

Em resumo, teríamos, de um lado, um realista bem-assentado, que se move nos limites do possível, e, de outro, um utopista que não tem os pés na terra, cuja alternativa é a de "mundos" que, se são, "evidentemente, muito melhores do que este em que nos coube viver", têm o inconveniente de se revelarem impossíveis à luz da evidência empírica.

Vale a sabedoria do senso comum: "Não se pode ter tudo na vida"! Há quem queira pleno emprego sem inflação. Alta taxa de investimento estatal sem déficit. Garantia de emprego e competitividade. Não dá. E vivam as ilustrações que remetem ao cotidiano. O interlocutor do economista, que vive no mundo das ideias, parece muito banalmente com "o marido frustrado da anedota. Aquele que ama a mulher, mas gostaria que ela perdesse todos os seus defeitos, mantendo apenas as qualidades — sem perceber que muitas vezes, quase sempre, as características positivas e negativas de uma pessoa são como as duas faces de uma mesma moeda". Sábia inteligência popular.

O leitor comum só pode dar razão a Pessôa. Nada pior do que essa gente que quer o impossível quando o mundo — como se sabe há milhares de anos — põe limites aos nossos desejos e exige pragmatismo de nossa parte, se não quisermos continuar voando, ou pior, batendo a cabeça contra as paredes do real.

Insisti tanto nessa contraposição não só porque o meu interlocutor faz dela o seu leitmotiv, mas porque o *senso comum* é uma peça de importância considerável no arsenal linguístico e conceitual da *ideologia econômica* contemporânea. Percorram os escritos dos nossos campeões da ortodoxia. Entre duas equações, um cálculo de maximização e alguns dados estatísticos, vem um jorro de lugares-comuns, como se a realidade econômica só habitasse duas regiões: ou a dos dados quantitativos e das equações matemáticas (como se verá, não tenho nada contra nenhuma das duas coisas), ou o universo da economia familiar, das trocas simples e dos contratos. Quando não habitam o mundo dos dados quantitativos ou das equações, os nossos campeões da ortodoxia vivem naquele universo em que é preciso economizar no açougue porque já se gastou muito, ou no armazém porque se fez gastos inúteis, ou, melhor ainda, vivem no mundo dos amores e desamores intrafamiliares.

O problema dessa visão é que, na realidade social e econômica do mundo (e, como se sabe, nele se inclui o Brasil), as coisas giram de um modo muito diferente do universo do cotidiano. Não quero dizer que este não seja atingido pelo macrocosmo, mas, precisamente, só se entenderá de que forma ele é atingido se a especificidade desse macrocosmo for compreendida, um objeto difícil de decifrar se não operarmos uma verdadeira mudança de registro. Com isso, também não quero dizer que a experiência das contas do armazém e do açougue seja inteiramente estranha aos problemas macroeconômicos. Há ocasiões em que, de fato, um país necessita fazer economias. O que digo é que essa perspectiva, quando hipostasiada, como é o caso não só na literatura de vulgarização da ortodoxia, mas, em boa medida, no próprio discurso neoclássico, introduz uma distorção fatal.

De fato, o mundo da economia tem muito de um universo encantado, de um mundo de cabeça para baixo. Um mundo em que o dinheiro, que parece neutro, simples intermediário entre as trocas, tem um peso específico, às vezes "irracional". Um mundo em que, às vezes, se corrige o déficit gastando mais. E assim por diante. (Claro que a ortodoxia sabe, *de algum modo*, disso tudo, mas muitas vezes esquece.) Quanto ao jogo de fatores, é verdade que cada ato de política econômica, se oferece vantagens, tem frequentemente a sua contrapartida. Ao se tocar em um elemento, quase sempre os outros são afetados. Entretanto, a discussão sobre a economia não deve redundar nessa banalidade. É preciso pôr isso tudo num contexto mais profundo para entender o que significa. Senão, por mais números que sejam aduzidos, ficamos num nível superficial e, o que é pior, enganoso.

2. Publicados no total quatro artigos, dois meus e dois do pesquisador da FGV, valeria a pena tentar um balanço da discussão (foi o que ele tentou no seu último texto, mas eu gostaria de fazer outro da minha perspectiva, incorporando-o a este livro, como um segundo e último apêndice).

A narrativa de Pessôa tem raízes profundas em certa perspectiva teórica e em determinada epistemologia. Se no curso da discussão eu não fui muito longe na crítica dos fundamentos do seu discurso, foi, em parte, pelos limites de espaço e de tempo dessas controvérsias, e, também, por escrúpulos de rigor. Acontece que não sou economista de profissão. Como é meu hábito afirmar só o que me parece suficientemente evidente (cf. o que escrevi no início deste livro), e tenho horror aos "blefes" teóricos, inclusive e principalmente quando vêm da esquerda, evitei me aventurar demais em certos argumentos.

Entretanto, a verdade é que, bem ou mal, os meus longos anos de leitura e reflexão sobre esse objeto rigoroso e notável, apesar das aparências em contrário — a chamada lógica dialética —, me levaram a refletir um pouco sobre os modelos conservadores de saber nas ciências humanas. E, como andei estudando certo número de economistas dissidentes, me ocorreram algumas ideias sobre o discurso dominante nesse terreno, o dos chamados neoclássicos. Há convergências interessantes entre os argumentos dos melhores autores heterodoxos e a crítica dialética bem interpretada (ainda que os primeiros nada tenham a ver com a última, pelo menos no plano do saber consciente). Há aí, creio eu, coisas importantes a considerar. Assim sendo, e porque se trata de uma nota final à discussão (a menos que o meu ilustre interlocutor queira continuar a querela, que vai se tornando infinita...), me permitirei, neste ponto, ainda que em forma não totalmente assertórica, dar alguns passos para além dos limites do universo em que me movi até agora nesse confronto.

Assinando só em seu nome, ou escrevendo em parceria, Samuel Pessôa mantém uma postura bastante arrogante em relação às suas referências teóricas. A teoria neoclássica que subscreve aparece (é a minha impressão, pelo menos) como um corpo muito sólido de verdades cuja cientificidade estaria bem assegurada. Os críticos dessa teoria não mereceriam muito respeito. Sem dúvida, ele distingue os heterodoxos nacionais dos estrangeiros, mas isso não basta nem é muito justo. No fundo, para ele, se o entendo bem, só no Brasil existem verdadeiras divergências de ordem *não* prática. "Lá fora", há um corpo de verdades reconhecido mais ou menos universalmente: as divergências advêm de opções distintas no plano da política econômica (ou, pelo menos, as divergências se fazem no interior de um amplo campo de verdades universalmente aceitas). Acho que tudo isso é, pelo menos, excessivo. Mesmo considerando o keynesianismo mais moderado e mais respeitoso da tradição, não parece ser verdade. De resto, há aí, a meu ver, uma crença positivista ilusória na imparcialidade de certa teoria. Se for dito, por exemplo, que os elevadíssimos salários dos dirigentes das grandes empresas refletem uma produtividade marginal superior da sua atividade (dou apenas um exemplo, não sei se Pessôa subscreve essa tese), *a opção prática já vem decidida pela teoria.* Uma vez aceita, só um espírito irracional condenaria o nível do salário, por mais alto que fosse. Vê-se por aí que não se trata apenas de "opções", mas também de teoria, do teor que ela tem. Isso já deve ser válido para os keynesianos mais preocupados em inserir seus resultados no corpo teórico da ortodoxia, e vale a fortiori para os autores teoricamente mais radicais. Porque eles existem sim, alguns com um discurso de muito rigor.

Os cultores da ortodoxia insistem na variedade que apresenta a teoria ortodoxa na pluralidade das suas versões; mas, aparentemente, apesar das diferenças, fica um paradigma comum. Como caracterizá-lo?[1] Da minha perspectiva de "estudante" de certos textos, e em primeiro lugar dos do próprio Pessôa, minha impressão é de que o que falta na ortodoxia é a plena consciência (insisto: não se trata de uma ausência absoluta, mas de uma consideração insuficiente) dessa espécie de inversão do espaço econômico que se encontra em muitos autores, a começar por Adam Smith. De fato, se excetuarmos a tradição neoclássica, são muitos os autores — nem todos, necessariamente, heterodoxos — que identificam uma espécie de ruptura (ruptura objetiva, mas que a boa teoria acompanha) no momento em que se começa a descrever uma economia em que predomina o *capital*. É assim em Smith, sob uma forma, aliás, "histórica", será assim, de uma forma mais propriamente analítica, nos críticos pré-marxistas da economia política (Thomas Hodgskin e outros), e será assim, bem entendido, em Marx. Quanto a Keynes, até onde sei, ele está plenamente consciente (e esse é o seu mérito) de que é preciso tratar da economia das sociedades contemporâneas como dominada pela busca do lucro e pela acumulação do capital. Dir-se-á que todos os economistas sabem disso, inclusive os neoclássicos. Sim e não.

Porque, salvo erro, creio que os ortodoxos professam um ideal mais ou menos *linear* de teoria. Há uma fundamentação, frequentemente microeconômica, e sobre ela, sem verdadeira ruptura, se constroem os teoremas macroeconômicos.[2] Esse tipo de construção corresponde bem ao que o senso comum (e com ele o que se chama comumente de "positivismo") considera a construção "normal" e obrigatória da teoria. Mas, na realidade, *porque o objeto revela rupturas*, a teoria que se constrói a partir do modelo fundamento/fundado, por mais rigorosa que pareça, não dá conta do seu objeto, e, finalmente, contra as aparências, é muito pouco rigorosa.

Existe uma longa e muito rica tradição de crítica à economia ortodoxa que reúne, de resto, figuras de orientação teórica e prática bastante diversas. A figura central desse movimento é provavelmente Keynes, mas antes dele há, bem entendido, Marx e, antes, a crítica de orientação neosmithiana e neorricardiana; no século xx, contemporâneos a Keynes ou posteriores a ele, grandes figuras como Kalecki, Joan Robinson, Kaldor, Sraffa; e ainda outros como Minsky. Há também críticos "no limite do sistema", como os dois keynesianos americanos mais conhecidos, Krugman e Stiglitz.

Um texto se destaca — pelo menos me impressionou muito — no interior do universo crítico mais recente. É o livro do economista australiano Steve Keen, *Debunking Economics: The Naked Emperor Dethroned?* [Desacreditando a economia: O rei nu deposto?]. Uma obra muito técnica, considerada de leitura difícil, mesmo por economistas. Segundo as informações de que disponho, o autor tem uma formação matemática sólida. O livro de Keen é uma tentativa de refutação do discurso neoclássico, com base numa análise matemática aparentemente muito séria. O argumento geral é o de que as coisas mudam quando se passa dos pequenos números para os grandes. De fato, ele acredita que os neoclássicos são mais ou menos como alguém que, medindo distâncias de dezenas de metros, depois de centenas e, talvez, de alguns milhares de metros, concluísse que as linhas na superfície terrestre são sempre retas.[3] Não seria possível encontrar curvas ao efetuar medições dessas distâncias. Sabe-se, entretanto, que, passado certo limite, aparecem os efeitos da curvatura da Terra. Do mesmo modo, a partir de certo nível quantitativo — em termos extensivos e intensivos —, os princípios do sistema se alteram[4] e, por isso, quem quiser ter uma visão objetiva deve abandonar não só a ideia de uma fundamentação no plano micrológico, mas em geral se desfazer de uma visada homogeneizadora, que não reconhece a mudança de qualidade por trás do aumento quantitativo.[5]

Devo mencionar também, na nova literatura heterodoxa — embora se trate de uma contribuição mais importante no plano da pesquisa do que no da teoria — os trabalhos de Thomas Piketty sobre o crescimento da desigualdade nos últimos 150 anos, trabalhos que parecem ter quebrado a "gaiola de vidro" das publicações oficiais. É uma boa notícia que se discutam muito e por toda parte os livros de Piketty. Há outras coisas interessantes no campo da heterodoxia, como os textos do ex-ministro da Economia da Grécia, Yanis Varoufakis, já referido aqui.

Se do lado crítico temos, pelo menos, algumas obras de grande fôlego, do lado ortodoxo constato uma reação que, francamente, me perturba. Sem dúvida, tanto de um lado como do outro pode haver trabalhos sem rigor e gente medíocre participando da discussão. Isso é uma regra geral em qualquer embate teórico. Mas observo com espanto o surgimento — sem dúvida, ao lado de uma produção, à sua maneira, séria — de uma bibliografia ortodoxa violentamente polêmica, que tenta neutralizar com um instrumental ideológico de muito baixo nível o esforço crítico dos heterodoxos. O pior é que esses textos grosseiramente ideológicos são às vezes assinados por gente de certa importância e com títulos e cargos respeitáveis no interior do mundo oficial. Assim, um livro recente de dois economistas do establishment,

Pierre Cahuc e André Zylberberg, *Le Négationnisme économique et comment s'en débarrasser* [O negacionismo econômico e como escapar dele],[6] tenta desmoralizar os seus adversários taxando-os de inimigos da ciência (!) e os comparando com aqueles que negam a existência dos campos de concentração e a liquidação em massa dos judeus... Ou, ainda, pondo-os na situação de certos impostores como Lisenko, o pseudobiólogo protegido por Stálin que tanto mal fez à ciência dita "soviética". Assim, quem não acreditar na taxa natural de desemprego é tão irracional e inimigo da ciência como quem não acredita na existência de Auschwitz e Birkenau... Claro que não se pode responsabilizar todo o grupo pelo que disseram alguns. Mas há algo de estranho e de sintomático em tudo isso.

Voltando ao nosso autor, a perspectiva dele fica evidente, e de algum modo se resume, nas considerações que faz a propósito de "economia de mercado" e "capitalismo". Eu insisti na necessidade de distinguir esses termos. Contra essa exigência, escreve o economista: "Segundo Fausto, a falência do bloco soviético não legitimou o capitalismo, mas sim — e apenas — a economia de mercado. Não entendo a diferença. Para mim um e outro, capitalismo e economia de mercado, são a mesmíssima coisa. Para Fausto, não". Mas creio que conviria interromper aqui, provisoriamente, essa discussão, para retomá-la mais adiante. No intervalo, examino mais de perto o que me parecem ser as características principais da maneira pela qual Pessôa pensa o social, e a economia em particular.

3. Há várias coisas estranhas no discurso de Samuel Pessôa. Para começar — isso pode parecer banal e induzir a ideia errada de que subestimo a análise econômica em proveito da política, mas explicarei o argumento —, *ele quase só fala de economia*. A

política está quase ausente dos seus textos. Ele nos diz que determinado governo pôs em prática tais ou tais medidas econômicas, outro, tais e tais outras. Comparam-se as vantagens e desvantagens de umas e de outras. Mas não se diz nada ou quase nada sobre o que representam esses governos em termos de modelos políticos. O político não interessa ou interessa pouco? Na realidade, sem introduzir esse elemento, a análise se torna incolor; ela nos remete a um mundo politicamente homogêneo em que não se põem *explicitamente* as diferenças de regime nem as grandes mudanças históricas no plano do regime político. O que não quer dizer que a complexidade da análise diminuiria com essa adjunção; ela aumentaria. Sem maldade, em certas passagens, aparece mais o físico, que Pessôa também é, do que o cientista social.

Essa ausência da política tem como corolário uma simplificação no plano dos modelos econômicos. Como já disse, Samuel Pessôa opera com duas ordens: de um lado, a economia liberal ou neoliberal; de outro, as economias burocrático-intervencionistas. Não se pensa na possibilidade de outros modelos. Isso é característico da ortodoxia. Não há terceira via, escreveu um "convertido", János Kornai.[7] Por ora, no quadro deste apêndice, limito-me a assinalar a insuficiência dessa leitura "bilateral".

Na esteira dessas características, vai um tipo de visada em que o possível quase cola no real. Tal partido não fez mais? É porque provavelmente não foi possível. Outro não fez melhor? É porque não foi possível fazer melhor. O mundo dos possíveis de Samuel Pessôa mal se distingue do mundo real. É quase idêntico.

O universo do nosso interlocutor é um mundo de escolhas mais ou menos livres e de contratos. Um mundo em que os agentes são essencialmente livres para tomar as suas decisões. Nele, não há muito lugar para o jogo de interesses e para as pressões que certos agentes exercem por causa deles ou pelo peso de ideologias, em particular da ortodoxia. Em geral, é um mundo liso, de simetrias, onde não há lugar para as assimetrias fundamentais que os heterodoxos reconhecem. Sob esse aspecto, os ortodoxos se queixam de que os heterodoxos *demonizam* instituições e figuras.

Quanto à história global, quando ela aparece, não se revela dramática nem muito aberta às catástrofes; é uma história em que as operações dos agentes individuais ou coletivos, oferecendo mutuamente serviços e prestações, levariam, às vezes, a boas soluções e, outras vezes, não. Mas tudo iria, grosso modo, no mesmo ritmo, ora um pouco melhor, ora um pouco pior, mas sem lugar, aparentemente, para grandes rupturas ou catástrofes.

Enfim, Pessôa pretende não incorrer no erro dos heterodoxos, que introduzem *narrativas* (isto é, um quadro histórico apontando para o futuro) em vez de cotejar os dados (ou, no máximo, montar um quadro geral que abrande o presente, e algo de sua gênese no passado). Eles praticariam um conhecimento *sem narrativa* e, por isso, científico por excelência. A esse respeito, objeto desde já: Pessôa e os seus têm sim uma narrativa própria. *A sua narrativa é o statu quo.*

Mas vejamos tudo isso mais de perto.

4. Assim, o pesquisador da FGV me acusa de *demonizar* entidades, em particular o FMI. "O FMI aparece no artigo de Fausto como uma espécie de bicho-papão, um grande agente do mal." Ele se refere em particular ao caso da Grécia. "Fausto cita a Grécia como exemplo de que as políticas do Consenso de Washington — outro bicho-papão — são danosas às economias nacionais." Ora, o economista liberal observa que "a Grécia escolheu participar da União Monetária Europeia, aceitando usar o euro como moeda". Nesse caso, acrescenta, "foi dado um passo maior do que a perna", não só por parte da Grécia, "mas [de] toda a Europa". E acrescenta: "A Grécia é responsável por suas escolhas".

Tudo isso parece muito sensato, mas vejamos o que de fato ocorreu. O ponto de chegada é uma situação terrível para o *povo grego*. Há desemprego, miséria, a seguridade social foi parcialmente desmontada, e outras mazelas. Entre elas, a *perda da independência nacional*. Há que partir desse resultado. Quem é o responsável por isso? Sem dúvida, em parte os responsáveis estão na Grécia. Mas, atenção! Já aqui é preciso observar o que há de ilusório em fazer da *Grécia* a responsável. "Grécia" parece um termo muito concreto, mas, *nesse contexto*, é na realidade uma *má* abstração. Quem tomou medidas erradas foram governantes gregos (dos partidos tradicionais) eleitos em pleitos mais ou menos honestos, suponho; mas todo mundo sabe que há algo de aleatório nessas escolhas, que há, de qualquer modo, uma diferença entre os governantes e o *povo grego*. Se se afirmar que, com essa última expressão, também se abstrai, eu diria que essa última abstração é aceitável porque não introduz opacidade. Ela remete aos indivíduos, homens e mulheres, que habitam a Grécia, em particular as camadas pobres e médias. Mas o erro não foi só dos governantes. O projeto europeu, por razões que não vou discutir aqui, estava errado. Moeda comum, sem políticas econômicas comuns ou suficiente integração política. De qualquer modo, que não se ponham esses furos na conta do povo grego.

Então, os *governantes gregos* tomaram decisões em parte, pelo menos, infelizes. Mas foi só isso? Quem estava do lado de lá? A Europa? Sim, porém, particularmente, as grandes instituições financeiras, entre elas o FMI (embora, *no caso grego*, é verdade, o FMI não tenha sido a que teve a pior atitude). De qualquer modo, Pessôa nos assegura que o FMI (eu diria, as grandes instituições financeiras internacionais, a chamada Troika) não é nenhum bicho-papão, mas uma instituição chamada "para ajudar economias que apresentam problemas de balanço de pagamento", economias "que não conseguem mais, por algum problema macroeconômico, fechar suas contas — e que precisam tomar dinheiro emprestado". Com isso, Pessôa pretende nos dar uma descrição objetiva do Fundo Monetário Internacional e, em geral, das instituições financeiras internacionais.

Ocorre que essa descrição, pelo modo em que é enunciada, nos remete a uma instituição neutra, que se moveria nos termos de contratos "razoáveis" aceitos pelas duas partes. Ora, se esse objeto não é um bicho-papão (porque não existe bicho-papão), ele está longe de ser tão inocente e útil como o pesquisador da FGV, implícita ou explicitamente, sugere. Sabemos que o FMI (insisto em que, para o caso grego, o exemplo não é o melhor) é capaz de exercer muita pressão, especialmente sobre países pequenos, e que, pelo menos nos últimos anos, suas decisões são iluminadas por algo que não há como não chamar de *ideologia* econômica, precisamente aquela que está consubstanciada no Consenso de Washington. Pessôa enumera os vários pontos desse dito "consenso", mas nele se reconhecem, "escondidinho" sob a reivindicação de "reordenar as prioridades públicas em direção aos mais pobres", as exigências de liberalização do capital, a desregulação do mercado e a privatização. Sabemos com que força — eu diria violência — o FMI se empenhou em realizar esse programa. No caso do Brasil, sabe-se que a ideia era chegar até a privatização do Banco do Brasil e da Petrobras. Isso seria bom para o país? Duvido muito.[8] Aliás, quando Pessôa nos explica que o FMI é mais ou menos como deveria ser uma entidade como a que, em princípio, representa, ele põe na sombra que houve uma grande discussão em torno do caráter dessas instituições no momento em que foram fundadas, no pós-guerra. Segundo Jacques Sapir,[9] Keynes tinha um projeto para essas instituições muito mais favorável às economias em desenvolvimento do que aquele que foi aprovado.

Por todas essas razões, vemos o que há de ilusório em frases de senso comum, do tipo: "Para conceder o empréstimo em condições favoráveis, o FMI exige certas contrapartidas dos países recebedores. Nada mais natural". Ou, de forma mais douta e erudita: "Sempre é possível responsabilizar algum agente externo pelas escolhas que fazemos [...] A verdade é que, no mais das vezes, o inferno somos nós mesmos". Resumindo a prosa de Pessôa (que é sempre a da sabedoria popular): aquele que empresta pode estabelecer condições, aquele que pede emprestado tem de se submeter a elas. A Grécia pediu emprestado sem calcular as consequências; a culpa é dela e, como diz o outro, o inferno somos nós mesmos. Isso tudo é muito bonito: uma axiomática digna de Monsieur de La Palisse (aquele da tautologia).[10] Só que está tudo errado. A verdadeira narrativa é: *um certo governo grego*, corrupto e incompetente, contraiu empréstimos com *instituições internacionais cuja filosofia é claramente distorcida na direção da ideologia ortodoxa dominante*. Sem entrar em maiores detalhes, o fato é que esses empréstimos — concedidos, como observa Piketty, na base de taxas de fato menores do que as dominantes no mercado internacional, mas muito mais altas do que a que pagam os governos nacionais[11] — levaram a consequências terríveis para o povo grego, como *a miséria e o desemprego*, até o limite da alienação da independência nacional (com o quê, todos os gregos perderam). Qual a diferença entre as duas narrativas (evidentemente, isso vale de maneira muito mais geral, para além do caso grego)? É que Pessôa raciocina em termos de *agentes livres* e de *contratos sem violência*. Ou, se preferirmos: ele supõe sempre *relações simétricas, pactos em que a violência (sob a forma de pressões, por exemplo) está ausente e, de um modo geral, uma realidade econômica que, em última análise, é essencialmente harmônica*.

Isto é: seus fundamentos são a *simetria, a não violência, a harmonia*. Os meus — acho que construídos a partir da experiência dos últimos cem anos, pelo menos — são a assimetria, a violência nas relações e a não harmonia no conjunto. Talvez o senso comum aprecie menos essa perspectiva. Sem dúvida, a de Pessôa permite um sono mais tranquilo, só que corremos o risco de acordar sobressaltados à noite porque o ideal é diferente da realidade. De fato, como afirmei, o realismo não está bem do lado que se supõe às vezes que esteja.

5. Talvez fosse o caso de lembrar outro episódio triste, a que já fiz alusão antes — forneço agora mais alguns detalhes —, em que ficou bem claro o desastroso papel do FMI, papel um pouco diferente de "a agência que se destina a ajudar países em dificuldade": a transição russa. Como vimos, o FMI, junto com o governo americano de Clinton, provocou um empobrecimento brutal da classe média e seu desarmamento político. A questão não era comunismo versus economia de mercado. Todo mundo estava de acordo (menos alguns velhos burocratas) em que tinha de haver uma transição desse tipo. Um sistema cooperativo nascente ou herdado teve pouco apoio do Estado, e o problema veio a ser, de fato, para além da economia de mercado, saber para que tipo de economia capitalista o país transitava. Foi em busca de uma alternativa assim que o processo se deu. O certo — se o caminho fosse mesmo o da desnacionalização — teria sido primeiro desnacionalizar as firmas e colocá-las à venda sob a forma de ações, para em seguida liberar os preços. O FMI e o governo americano decidiram proteger o grande capital em formação, prejudicando a classe média. Primeiro se liberaram os preços, em seguida se desnacionalizou. A classe média perdeu toda a possibilidade de adquirir ações. Constitui-se uma classe de novos capitalistas (ex-burocratas). E, politicamente, o apoio dado a Iéltsin — em nome da democracia! — acabou alçando ao poder o autocrata Putin, com os resultados que conhecemos.

Como caracterizar a política do FMI num caso como esse? Ela

foi *demoníaca*, ou algo próximo disso. Ela operou, de um modo mais ou menos voluntário, a passagem forçada de uma forma de exploração e opressão a outra. Diante de processos desse tipo, o perigo não é demonizar, mas *desdemonizar*, isto é, idealizar a partir da forma contratual um conteúdo que na realidade contém violência.

6. Voltando ao texto de Samuel Pessôa. Como salientei, o economista tende sempre a estabelecer uma dualidade, a que opõe o neoliberalismo ao burocrático-intervencionismo, mesmo se, dentro de cada um desses paradigmas, pode reconhecer diferenças. Os seus modelos são dois. Ora, pelo menos como possibilidade, as posições não são duas, mas três. E isso tanto do ponto de vista do projeto econômico como no plano político mais geral.

Sem dúvida, Pessôa reivindica certa originalidade: ele quer um pouco mais de "justiça distributiva". Assim, na nossa discussão, reconhece a injustiça do sistema tributário brasileiro e a necessidade de mudar para um regime mais igualitário. Mas, se na nossa troca de argumentos, esse posicionamento apareceu, não me parece que ele seja muito visível no que o economista escreve em geral. A "justiça distributiva" acaba sendo engolida pelas verdades intangíveis da ciência ortodoxa. Não o vi tomar posição contra o que há de notoriamente injusto na proposta de reforma da Previdência, por exemplo, a desvinculação do BPC (Benefício de Prestação Continuada, para idosos e deficientes) do valor do salário mínimo — proposta que o governo, sob pressão, parece disposto a retirar — ou a obrigação universal de 25 anos de contribuição, o que prejudicaria principalmente os trabalhadores das áreas rurais.[12]

A perspectiva dualista faz com que toda resistência à economia burocrático-totalitária apareça incorporada ao rolo compressor neoliberal, e que o autor não distinga bem o modelo keynesiano do burocrático semitotalitário, ou mesmo totalitário. Isso vem em boa parte do fato de a política estar ausente da análise.

Na realidade, não existe apenas um "papão" (como supõe o dualismo), mas dois: de um lado, está o capitalismo, que se revela hoje mais selvagem do que nunca, e, de outro, as economias burocráticas que atualmente ou "compõem" — sem se diluir — com o modelo capitalista ou se apresentam sob a forma de economias populistas do tipo chavista. Ora, nenhuma das duas grandes opções (com as suas subdivisões) representa uma boa alternativa.

O tertius, projeto de uma economia não burocrática e de mercado porém estranha aos princípios neoliberais, existiu sob diversas formas e em diferentes ocasiões, como no processo de liquidação do chamado "socialismo de caserna". Há aí um ponto cego do discurso de Pessôa.

Nas origens da chamada mundialização está a liquidação das economias burocrático-totalitárias, processo que ele remete à saga do neoliberalismo. Mas uma análise crítica reconhece nesse processo pelo menos a luta entre tendências democráticas favoráveis a um capitalismo mais ou menos controlado e não excessivamente desigual, e as forças que fizeram o jogo do grande capital em constituição. Essa diferença estava tanto no plano subjetivo (isto é, na ideologia dos responsáveis pelas mudanças) como no processo objetivo. De forma diversa, isso vale para a China e para a Rússia. Já me referi ao rolo compressor que o FMI representou na transição russa e aos seus acólitos nacionais. Houve uma oposição a eles por parte de economistas e homens políticos, que acabou neutralizada. Na China — também já falei disto, volto ao tema, de novo, para alguns detalhes —, a dissolução das comunas, medida perfeitamente defensável e, mais, exigível para qualquer democrata, não teve o caráter de um encaminhamento de ordem neoliberal. Os camponeses ganharam o direito de explorar individualmente as terras. A aquisição desse direito nada tinha a ver com eventuais conquistas do grande capital. No plano dos agentes intelectuais desse processo, a mesma coisa se deu. Entre os teóricos e agentes da transição chinesa, estão algumas figuras dissidentes, que, até onde sei, nada tinham a ver com a filosofia neoliberal. Eles eram adversários da economia burocrático-totalitária e queriam introduzir uma "economia de mercado" (havia, a esse respeito, várias posições em disputa). Mas, também nesse caso, o problema passou a ser saber que tipo de capitalismo se instauraria. E o modelo selvagem venceu.

Porém, devemos retomar o problema mais fundamental, que é, precisamente, o da relação entre "economia de mercado" e capitalismo. Para Pessôa, se trata da mesma coisa. Economia de mercado = capitalismo. No entanto, seria exatamente assim? Sem dúvida, fora eventuais exceções menores, na generalidade das economias de mercado contemporâneas o capitalismo é hegemônico. Mas isso não permite identificar as duas noções nem os dois objetos. Isso porque, se praticamente não há hoje economias de mercado que não sejam globalmente capitalistas, há instituições e práticas que, apesar de se inserirem numa trama dominada por esse sistema, não são, elas próprias, de ordem capitalista. O que significa que elas não visam o lucro pelo lucro ou, mais precisamente, a acumulação de capital — assim como também, eventualmente, as relações salariais ali não são dominantes —, embora se insiram de uma forma ou de outra na teia de relações econômicas onde o capitalismo se impõe como força hegemônica.[13]

No capítulo das práticas, há operações que de certa forma não pertencem propriamente ao circuito capitalista, mas ao da chamada "circulação simples". Em geral, deve-se distinguir no interior de uma formação capitalista a produção de valores de uso da produção e da acumulação de valor (qualquer que seja a concepção que se tenha do valor, não precisa necessariamente ser a marxista — a minha acho que não é). Os dois processos estão, sem dúvida, imbricados, mas é necessário distinguir esses dois aspectos, que não são idênticos. A redução do capitalismo à economia de mercado, ou vice-versa — a identificação da "economia de mercado" e do capitalismo —, é um bom sintoma do tipo de confusão deliberada em que incorrem os ideólogos neoclássicos. Ainda que eles reconheçam certas diferenças, todos os agentes no interior da formação são mais ou menos identificados, aparecem como agentes de um mesmo tipo, de uma mesma ordem.[14] Claro que os economistas sabem que há diferenças entre eles, mas no fundo, enquanto agentes econômicos, eles não veem aí senão diferenças de quantidade. Ora, se há mesmo diferenças de quantidade (intensiva e extensiva) entre eles, elas implicam uma diferença qualitativa fundamental. O pequeno agricultor que vende seu produto e, com o montante obtido, compra outro para consumo próprio, mesmo que tenha lucro, é um agente econômico de um tipo diverso do que representa uma grande empresa. Aqui a diferença pode ser menos entre capitalismo e a simples economia monetária, como no caso de uma fundação, do que a que separa o pequeno capital do grande; mas também essa última diferença é muito mais importante do que supõe a teoria dominante. Essa ambiguidade entre a circulação capitalista e a circulação simples, ou entre o grande e o pequeno capital, que se reconhece frequentemente nos discursos da ortodoxia, é acompanhada por certo privilégio (um "privilégio de fundação") da microeconomia em face da macro. Também esse primado parece essencial à ideologia econômica contemporânea.

Ao estabelecer a equação economia de mercado = capitalismo, Samuel Pessôa fecha as possibilidades de todo discurso crítico. Nessas condições, só restaria a alternativa comunista, que está evidentemente queimada. Na realidade, o capitalismo se insere na trama da economia de mercado, mas não se identifica com ela.

Os dois termos não são idênticos. Impõe-se, já por razões estritamente científicas, a contraditória da equação de Pessôa: a inequação "economia de mercado ≠ capitalismo". O que isso significa? Que vamos encontrar *de fato* economias de mercado que não sejam capitalistas? Não necessariamente, e, *hoje*,[15] de fato, isso não acontece. Mas essa ausência, do ponto de vista das exigências de uma teoria *rigorosa*, não é condição suficiente para que se possa formular uma relação de identidade entre as duas noções, nem entre os dois objetos a que elas apontam. Embora a disjunção entre eles apareça apenas *regionalmente*, e no que se refere à totalização (à hegemonia), apenas como uma *possibilidade*. Ao obliterar essa inequação, perfeitamente rigorosa, e que exprime o projeto de uma crítica *não comunista* do capitalismo, Samuel Pessôa transforma uma realidade *histórica — a efetivação de uma possibilidade histórica —* em uma realidade, digamos, natural (embora os objetos naturais também mudem), ou, se preferir, numa realidade *cristalizada* ou fetichizada. Esse o segredo do discurso de senso comum *aparentemente* hiper-rigoroso da ortodoxia que o economista liberal pratica.

7. Sou obrigado a comentar um pouco a estratégia argumentativa de Pessôa. Se o seu discurso tem momentos mais felizes, frequentemente ele derrapa em jogos sofísticos. Assim, Samuel Pessôa gosta de refutar longamente argumentos que o seu adversário não utilizou… Por exemplo, a ideia de que critiquei o governo FHC apenas porque a taxa de desemprego durante a sua gestão foi maior do que durante o governo Lula. Eu não disse isso, em lugar nenhum. Pelo contrário, critiquei e critico FHC, como posso criticar outros governos, por uma série de características (política econômica hiperliberal, insuficiência de programas sociais, base de apoio, possibilidade de mobilizar os mais pobres visando a me-

lhorar a sua condição etc.). Pessôa passa por cima de tudo isso. E se esbalda ao longo de uma coluna para explicar que houve mais desemprego sob Obama do que sob Bush, e, entretanto, preferimos o primeiro ao segundo. Acontece que não caí nesse unilateralismo, ele é introduzido pelo economista apenas para lhe dar ensejo a um exercício retórico em que, naturalmente, se sai como herói. Na realidade, é ele quem simplifica as coisas. Por exemplo, quer nos mostrar que a condição difícil em que se encontra o trabalhador europeu resulta do desenvolvimento da China. Quem quiser que a China se desenvolva que aceite as consequências. Só que, sem negar o efeito positivo ou negativo que as mudanças na economia chinesa podem ter sobre a economia mundial, Pessôa não fala sobre as regras que regem as economias europeias (como a limitação excessiva do déficit ou o investimento insuficiente), regras que podem e devem ser modificadas. Mais uma vez, o seu esquema é um presente para o senso comum. E não basta dizer que uma nova política econômica para a Europa "atenuaria" os efeitos do crescimento chinês. Ela mudaria as regras do jogo. Nesse tópico sobre o estilo retórico do meu interlocutor, eu acrescentaria que ele não se preocupa muito em responder a cada argumento do adversário (como eu tento fazer). Ele passa por cima do que não lhe serve e, no lugar das respostas, abre uma torneira de dados numéricos, da qual jorram números que acabam inundando o palco da discussão.[16]

O tópico da insistência em que toda medida econômica implica vantagens e desvantagens também mereceria mais uma palavra. É uma banalidade, quase uma tautologia. Que toda medida de política econômica tenha, ou possa ter, efeitos positivos ou negativos todo mundo sabe. Porém, essa verdade banal não exclui o fato de que aquelas medidas podem ser muito diferentes e ter efeitos radicalmente distintos uns dos outros. (Dirão que eu também banalizo, mas é preciso partir daí.) Se toda política implica vantagens e desvantagens, há algumas que trazem um saldo negativo esmagador para o país. Por exemplo: a política de Thatcher na Inglaterra foi responsável pelo agravamento funesto da situação das classes menos favorecidas naquele país. A esse respeito, indico as páginas luminosas que um autor de esquerda — mas que não é de forma nenhuma um fanático —, Alec Nove, consagra ao governo Thatcher e às consequências da sua política (ver Alec Nove, *The Economics of Feasible Socialism*, p. 158). Mas, a julgar por um artigo bem recente,[17] Samuel Pessôa não parece muito preocupado com as causas profundas da atual "miséria inglesa". Ele prefere se debruçar sobre a responsabilidade dos "fraudadores". Curiosa atitude. Bastante "neoliberal", em todo caso. Porém, é preciso ir mais longe na crítica. Se a insistência banal na ideia de que toda medida de política econômica tem vantagens e desvantagens pode nos fazer perder de vista que há as que são muito melhores e as que são muito piores, ela também tem o inconveniente de ocultar que por trás do leque de possibilidades que o economista ortodoxo oferece está implícita, no seu discurso, a aceitação de um modelo econômico comum, o capitalismo financeiro, hoje dominante. *O lugar-comum de que não há vantagens sem desvantagens desloca a discussão para fora do seu ponto crítico.* A discussão sobre o modelo de sociedade que desejamos se perde. Implicitamente, já se supõe um modelo. E é no interior dele que se exibem várias possibilidades, com as suas respectivas combinações de prós e contras. O modelo fica a salvo. Moral da história: *numa discussão teórica, as banalidades nunca são inocentes.*

8. Concluirei abordando o problema político, já que, até aqui, só o tratei de maneira muito sumária e indireta.

Claro que há divergências de posição, e poder-se-ia pensar que com isso a discussão se encerra. Contudo, é preciso penetrar nos meandros do discurso de Pessôa para entender como ele se situa politicamente (inclusive no sentido mais formal) e quais são as dificuldades dessa posição. Por esse caminho serei levado a avançar um pouco mais na exposição das minhas razões no plano propriamente político.

No corpo deste livro dei alguns exemplos-limite das consequências de um sistema dominado pela busca do lucro e pela acumulação, mas que ao mesmo tempo caracterizam bastante bem o espírito do sistema. Referi-me principalmente às pressões e às jogadas da indústria farmacêutica, e, mais ainda, à história terrível da indústria do tabaco. No que se refere a esta última, a quantidade de mortos pelos quais é possível considerá-la responsável sobe a algumas dezenas de milhões, segundo o cálculo de especialistas. Mortes ocasionadas pelo obscurecimento da opinião pública através da compra sistemática de quadros de alto nível, inclusive professores de grandes universidades. Isso significa que um grande ramo da indústria capitalista foi responsável por um número de mortes que supera de longe os do gulag ou, até mesmo, os da grande fome camponesa provocada por Stálin nos anos 1930. (Não sei se Pessôa retrucaria dizendo que as vítimas fumaram porque quiseram... Espero que a sua visão "voluntarista" das sociedades capitalistas não chegue até aí.[18])

Embora se trate, certo, de um caso limite, é a partir desses fenômenos, e não dos percalços da economia doméstica, que se pode entender o significado do capitalismo. Samuel Pessôa perde completamente essa dimensão dramática, como esquece também o progresso fulminante do populismo de extrema direita, que se alimenta da crise provocada pelo sistema atual como o nazifascismo se alimentava da crise dos anos 1920-30. Outro "detalhe" dramático que pertence obrigatoriamente à nossa discussão é a enormidade das diferenças de salário. Nos Estados Unidos, no tempo dos "trinta anos gloriosos", a remuneração dos dirigentes era da ordem de um a quarenta em relação à do trabalhador médio. Essa diferença passa a ser — o autor considera aqui, sem dúvida, a situação em diversas firmas — "de centenas ou de milhares de vezes".[19] No plano mundial, as oito pessoas mais ricas do mundo detêm o equivalente à riqueza reunida de metade da humanidade. Se se acrescentar a esse estado de coisas a elevada taxa de desemprego ou de subemprego registrada tanto na grande maioria dos países da Europa como nos Estados Unidos,[20] explica-se o "mal-estar" no trabalho, que gerou uma verdadeira epidemia de suicídios ligados a isso. Não voltarei a insistir no caráter de "cassino" do mercado financeiro (a expressão não vem de nenhum gauchista, mas de Keynes), nem no quanto a situação atual facilita o enriquecimento dos ociosos.

O economista liberal se embriaga com o seu realismo de senso comum. Afinal, insiste ele, seria preciso se ajustar às circunstâncias e não pedir o impossível. Entretanto, a despeito dos *riscos* de que a história, lida num plano macrológico, se revele "cíclica", isto é, repetitiva (ver, supra, o capítulo 5 deste livro), pode-se dizer, creio eu, que, num plano mais imediato e efetivo, a história se caracteriza por uma grande "mutabilidade", o que significa, no nosso contexto, por um grande "irrealismo". Muitas coisas que se julgavam impossíveis, e que não existiam — como diz Pessôa — em nenhum lugar no mundo, se tornaram efetivas. Por exemplo, a jornada de oito horas, as férias remuneradas, as indenizações de desemprego, a seguridade social, o imposto de renda progressivo. Fora do campo da economia, a democracia num grande país (os pais fundadores da democracia americana, utópicos sem o pé no chão, se empenharam na luta por um regime que naquelas circunstâncias era absolutamente inédito no mundo), o sufrágio universal masculino, o voto feminino, o casamento entre pessoas do mesmo sexo. Quase tudo isso foi obtido na base da luta. ("Luta" — já vimos — não é o mesmo que "violência".) E a busca pela hegemonia (em lugar de consensos "moles"), ao contrário do que podem sugerir certas passagens do artigo de Pessôa, não enfraquece a democracia, mas a reforça.

Se Samuel Pessôa vivesse no século xix e tivesse a mesma filosofia que tem no xxi, aceitaria a jornada de doze horas e o voto censitário. Não creio que ao dizer isso abuso do argumento: é a conclusão que se tira da maneira pela qual ele pensa as possibilidades históricas. Ele me acusa de utopista, porque sonho com um projeto que, em sua forma global, não existe e nunca existiu em lugar nenhum. Mas que se pense na perspectiva dos socialistas do século xix. A sociedade com que sonhavam, até aqui pelo menos, não se realizou. E, entretanto, se o programa máximo não se efetivou, grande parte do programa mínimo (como o programa jacobino; o jacobinismo não foi só o Terror) se tornou, sim, realidade. Isso exigiu tempo, é verdade, mas sem o trabalho prévio em condições desfavoráveis que faziam aparecer os objetivos como miragens inconsistentes dificilmente se teria chegado aonde se chegou. E é esse tipo de realismo que reclamo para o meu discurso, e o dos (muitos) que pensam como eu. Pensar os limites do possível, nos termos da política de Cardoso (que certamente apoiará um candidato muito conservador para presidente)[21] ou de Blair (fã da desastrosa Thatcher e partidário da não menos desastrosa invasão americana do Iraque), é muito pouco. É praticamente reduzir o possível ao real. Se o PT e o PSDB não o fizeram, teria sido porque não puderam fazer? Difícil defender uma posição logicamente mais conservadora do que essa. É bem melhor propor um programa de reformas, mesmo sabendo que o programa máximo só é realizável a longo prazo (e, claro, não temos nenhuma garantia de que, um dia, ele virá a ser realizado, como não temos essa garantia para nenhum projeto histórico).

Entre o capitalismo selvagem e o burocratismo totalitário ou populista-autoritário (sem falar nas formas que fazem a síntese dos dois), os caminhos de uma política justa são estreitos e se tornam invisíveis no interior da malha dos "realistas". Pessôa vê o efetivo. O potencial, o virtual, mesmo o minoritário não têm lugar na narrativa dele. Não subestimo as dificuldades, o caminho é longo. Se me referi às cooperativas é porque essa forma representa uma alternativa importante às relações atuais. Temos de pensar numa alternativa, porque não só a injustiça e o sofrimento são grandes, mas caminhamos todos para um abismo ecológico,[22] social e econômico. É nesse sentido que é preciso refletir sobre um *au-delà* do capitalismo. Nesse registro, as formas cooperativas são um elemento não desprezível, sem representar a única alternativa (e supondo sempre, por outro lado, que elas coexistirão com outras). Lembrando um esquema famoso, talvez venha a existir, de fato, em grandes linhas históricas, uma sucessão que vai da escravidão à servidão, da servidão ao salariato, e do salariato ao trabalho cooperativo. Ou seria o cooperativismo uma simples exceção sem futuro no interior das economias capitalistas? O salariato sanciona o que se poderia chamar, parafraseando o "despotismo de indústria" de Marx, de "despotismo de empresa". Ao contrário do que ocorre em princípio na sociedade global, o sistema político da empresa em que domina o salariato é a heteronomia. Questão sobre a qual há que meditar.

Insisto, assim, no caráter não utópico da ideia de uma economia de mercado não capitalista. Para realizá-la, seria preciso que as formas não capitalistas, existentes em grau maior ou menor em muitos países, se tornassem *formas hegemônicas*. Isso significa é claro uma grande mudança, mas ela não é impensável nem do ponto de vista antropológico geral (não supõe nenhuma idealização do bicho-homem), nem do ponto de vista econômico. É um projeto que na sua forma perfeita — que, repito, não implica expulsar as outras modalidades, mas tirar-lhes a hegemonia — representa, na realidade (na sua forma plena, não na sua realização parcial), um horizonte. Uma ideia reguladora. Além disso, também é verdade que é preciso estudar de perto esse modelo (e modelos análogos), as condições de sua integração e eficácia, e as suas dificuldades. Há que reconhecer que até aqui o resultado, se não é decepcionante, não é, sem dúvida, exultante. Há (ou houve), por exemplo, modalidades visivelmente destinadas ao fracasso, como os kibutzim israelenses, que, em geral, coletivizam (ou coletivizavam) mais do que é necessário e razoável. Outras formas — as cooperativas europeias — deram melhores resultados. De qualquer modo, é difícil supor que o salariato — modelo que serve aos dominantes (os grandes assalariados) e é, ao mesmo tempo, fonte de trabalho frequentemente alienado para os dominados — seja, pelo menos como modo hegemônico, uma instituição eterna.

9. Quanto aos caminhos que poderão nos conduzir a uma grande mutação social, já insisti o suficiente na recusa das soluções autoritárias e violentas, embora a democracia tenha de dar muitos passos para além da sua forma atual, muito imperfeita. Mais precisamente — retomo aqui, para concluir, um tema que foi um dos leitmotiv deste livro —, creio numa mobilização que envolva não só os mais pobres e mais explorados, mas também a intelligentsia. Sem dúvida, a inclusão desses últimos sempre foi de alguma forma admitida na tradição da esquerda. Mas de um modo que, em geral, me parece torto. Dava-se ao mesmo tempo muito pouco e demasiado aos chamados intelectuais. Na versão mais extrema, eram convocados para injetar convicções comunistas na cabeça dos proletários. Mesmo fazendo abstração do conteúdo do produto que era injetado, vemos o que isso tem ao mesmo tempo de insuficiente e de excessivo. Excessivo, porque é da cabeça dos intelectuais que sairia "a verdade". Insuficiente,

porque a sua função seria a de simples repositório e "funil", mesmo se para um líquido que se supunha precioso. O intelectual, por si mesmo, não teria nenhuma função autônoma.

Mesmo saindo desse esquema extremo, passando para o que pensa em média o simpatizante de esquerda — mais influenciado pelo marxismo do que, às vezes, supõe —, acho que continua se entendendo mal o papel da intelligentsia. Afinal, por que, no interior das lutas pela emancipação, um intelectual valeria menos do que um "proletário"? Porque não é explorado ou é menos "explorado"? (é a suposição que implicitamente se faz). A diferença existe, sem dúvida, mas as consequências que se tiram disso, na esteira da tradição marxista, são pelo menos excessivas.

De minha parte, prefiro a posição do Partido Socialista Revolucionário Russo, que teve uma ala direita que, à sua maneira, andou (simetricamente) tão mal quanto os bolcheviques, mas teve também uma ala esquerda que viu longe. Esse partido, que acabou sendo reprimido violentamente pelos vencedores de Outubro, propunha uma aliança das seguintes classes (com ou sem aspas): a intelligentsia, os operários e os camponeses. Mesmo correndo o risco de escandalizar muita gente, diria que, com poucas modificações, é o que penso para a esquerda mundial no presente. A intelligentsia deve contar como uma classe (sempre com ou sem aspas, não importa: um grupo social), que deve ter um papel substantivo, junto com outras, provavelmente com duas outras: as camadas pobres urbanas e os camponeses.[23]

Mobilizar as classes médias intelectuais e lutar para que elas façam progressos em termos de lucidez política é uma tarefa maior, que de resto terá efeito para o trabalho sobre as demais classes, mas cuja importância não se reduz a esse esforço, por mais importante e decisivo que ele seja. Os intelectuais votam, vão às ruas, enfrentam a polícia, escrevem e se manifestam por outras formas: é impossível continuar supondo que tudo isso é, no fundo, pouco relevante. O importante estaria na periferia. Ou no campo. Ou nos bairros mais pobres. Tudo o que se faz lá, mesmo o pior — inclusive aquilo que é claramente regressivo —, é supervalorizado. A "tarefa" seria mobilizar as "massas". E — deve-se precisar — valorizam-se os pobres, mas frequentemente como massa de manobra a serviço de quem "entende" o processo, os dirigentes do partido — em parte, intelectuais. Eu diria que, se é verdade que sem a mobilização das camadas populares será muito difícil vencer — pelo menos nas condições atuais —, não é menos urgente a mobilização (e, como também no outro caso, mais do que a "mobilização", o esclarecimento) da intelligentsia. Dirão, talvez, que tudo isso tem um ar de século xix. Mas a verdade é que, muitas vezes, só através desses atalhos e circunvoluções de aparência paradoxal ou retrógrada somos capazes de nos livrar dos preconceitos mais arraigados. Viva o século xix, se for esse o preço a pagar.

Nesse contexto, gostaria de dizer também, concluindo, que não só no Brasil, como em muitos outros países de organização política democrática, como os Estados Unidos, por exemplo, há um problema grave de *educação* do povo. Claro que os preconceitos e o racismo não são privilégio dos ignorantes. Os totalitarismos do século xx, em especial o alemão, dão prova disso. É possível ser muito instruído e pouco lúcido — e também fanático. Inversamente, há gente muito pouco instruída e lúcida. Mas o fator *ignorância* tem certo peso. Sem algum preparo e informação, a lucidez pode existir, mas ela brota num meio desfavorável e é, por isso mesmo, frequentemente instável.

Marx podia esnobar esse elemento, dizendo que "o próprio educador precisa ser educado" (parafraseando um dito romano, o que ele queria dizer era: "quem educará os educadores?"). Porém, nesse ponto ele pensava mais na "educação política". Por outro lado, subestimava, sem dúvida, a educação em geral. É impossível pôr muitas fichas num projeto político democrático e radicalmente progressista sem contar com um avanço importante no nível de educação do povo.

Reconheço, porém, que mais importante é o elemento propriamente político: a "lucidez". Mas aí se põe o problema: como saber o que significa ser politicamente lúcido? Para dar um exemplo sintomático da dificuldade ou dos erros a evitar nesse julgamento, se as pesquisas empíricas revelarem, como parece que revelam, que não só a classe média mas também as mais pobres têm uma atitude de repulsa em relação às práticas desonestas dos partidos — inclusive os de esquerda —, alguns falarão em "moralismo" e "atraso" das massas. Eu diria que, pelo contrário, se elas em muitas coisas são certamente influenciadas pela mensagem conservadora da mídia, o "moralismo" popular é um avanço, porque é uma recusa do "rouba, mas faz", mantra que caracterizou a política populista dos anos 1950 e que ainda está presente, implícita ou explicitamente, por exemplo, na fala neopopulista de autojustificativa de muitos dirigentes do PT. O fenômeno indicaria uma decadência em termos de recepção popular — decadência certamente auspiciosa — das ideologias populistas e quase populistas. Aí, de novo, o educador precisa ser educado.

Notas

PREFÁCIO [pp. 7-9]

1 Uma segunda tréplica do economista me levou a escrever ainda um texto polêmico como resposta a ele, que constitui o segundo apêndice deste livro.

INTRODUÇÃO [pp. 10-3]

1 Fui um pouco mais longe no primeiro apêndice, no qual respondo principalmente ao economista liberal Samuel Pessôa. No segundo apêndice, em que continuo a minha discussão com Pessôa, dei mais alguns passos, mas, como indicarei, em forma não inteiramente assertórica.

1. AS PATOLOGIAS DA ESQUERDA [pp. 15-45]

1 Referência à primeira geração da assim chamada "Escola de

Frankfurt", grupo de filósofos alemães do século xx, neomarxistas e dialéticos.

2 Em geral, evitei pôr aspas nas referências às formas degeneradas da esquerda, porque pareceria que me esquivo das responsabilidades. No caso do termo "comunismo", entretanto, depois de alguma hesitação, resolvi deixá-las. Eis as razões disso: mesmo se o autêntico projeto comunista (que não é o meu projeto, o qual se aproxima antes do que se chamava no século xix de "socialista") continha potencialidades totalitárias, a distância entre, de um lado, o comunismo enquanto projeto e, de outro, aquilo que acabou resultando dele e reivindica o seu nome, o totalitarismo stalinista, é de tal ordem que seria impossível não assinalar, pelas aspas, a diferença.

3 Ver por exemplo o último capítulo do meu livro *A esquerda difícil: Em torno do paradigma e do destino das revoluções do século XX e alguns outros temas*. São Paulo: Perspectiva, 2007.

4 Movimento palestino contra a ocupação israelense, mas que professa uma ideologia — e põe em prática uma propaganda — notoriamente antissemita. Deve-se condenar absolutamente a política do governo israelense, porém sem fazer concessões a movimentos e ideologias claramente racistas e autocráticos.

5 Originalmente lançado em 1996. Ed. brasileira. Rio de Janeiro: Record, 1999.

6 Ver *The Accidental President of Brazil: A Memoir*. Nova York: Public Affairs, 2007.

7 Primeiro-ministro da Grã-Bretanha de 1997 a 2007, líder do Labour Party, pôs em prática uma política econômica neoliberal.

8 A respeito das posições teóricas de Blair, ver em especial as obras de Anthony Giddens, sociólogo inglês muito ligado a Blair, autor de vários livros, entre os quais: *A terceira via: Reflexões sobre o impasse político atual e o futuro da social-democracia* [1998]. Rio de Janeiro: Record, 1999.

9 Saiu recentemente, numa revista de "cultura", um texto assinado

por seis universitários — em resposta ao artigo que publiquei na *piauí*, em outubro de 2016, e que resume este livro — abordando o tema que se abre nesta passagem, e que desenvolvo nos parágrafos seguintes. Respondo a ele nas próximas notas.

10 Pelo que informam no texto, mais recentemente Marilena modificou a sua posição a esse respeito, ou, como dizem, a "esclareceu". Se isso aconteceu — tanto melhor —, foi sem dúvida sob o impacto das críticas que lhe fizeram, inclusive as minhas, me permito dizer. Só que, agora, o mal já está feito e restam vários outros problemas, como os tratados aqui.

11 Em setembro de 2016, o promotor Deltan Dallagnol, que atua na Lava-Jato, deu uma entrevista coletiva de estilo extremamente demagógico, utilizando a forma Powerpoint de apresentação, na qual a foto de Lula, chamado de "comandante máximo", aparece no centro da montagem, e, figurando em volta dele, as várias figuras supostamente envolvidas no caso.

12 A respeito dos "beócios", devo protestar contra uma interpretação falsificada (a referência geral vem indicada, acima) que me acusa de imputar esse atributo aos colegas de universidade ligados a Marilena. É evidente que, nem a partir dessa passagem nem através de manipulações — desde que suficientemente honestas — de outras passagens deste livro e do artigo que o resume, se pode tirar essa conclusão. "Beócios" não são os colegas amigos de Marilena — embora eles me decepcionem pela estreiteza do seu modo de julgar o peso da palavra política dos universitários —; beócio, sim, ou antes "beocizado", é infelizmente certo público que grita de entusiasmo nos anfiteatros — como se estivesse num programa televisivo de auditório — movido por uma "retórica" pesada, na forma e no conteúdo. Se quiserem um bom exemplo, em todo caso um exemplo característico, daquilo a que me refiro, revejam o famoso discurso da filósofa, em que ela declara *urbi et orbe* que a pequena burguesia é fascista, sob os aplausos tempestuosos do auditório. Ainda que, tempos depois, ela tenha esclarecido sua posição, aquele ví-

deo fica como um documento não do Esclarecimento (*Aufklärung*), mas do seu contrário, um testemunho característico de como se *deseduca politicamente* a juventude, uma juventude já tão desorientada e mal-informada, por conta das difíceis condições do Brasil. Caso venham a dizer que me conduzo como os acusadores de Sócrates, responderia que se trata do contrário disso. Essa deseducação política da juventude — deseducação que, não paradoxalmente, coexiste com um trabalho real e importante de formação presente, por exemplo, quando Marilena fala de Espinosa ou sobre a Fenomenologia — é o que me parece mais grave e imperdoável no estilo de política que ela frequentemente encarna. Estilo cuja cegueira diante dos sérios desmandos administrativos de um partido de esquerda no poder não é o menos nefasto dos frutos.

13 Não se trata de afirmar que Marilena Chauí nunca fez nenhum tipo de crítica ao seu partido. Mas há críticas e críticas. Muita gente fez críticas. Porém, o essencial — e, em particular, por ocasião das duas grandes crises — era ter a coragem de falar das questões "delicadas", e em primeiro lugar da corrupção. Esse era o ponto de inflexão da crítica.

14 Ver *Folha de S.Paulo*, 28 de março de 2004, artigo a que eu dera o título de "A gangrena", substituído pela redação por "O PT, Dirceu e o risco de gangrena". Cito o texto original, republicado depois em livro, mas as diferenças para com a versão que o jornal publicou são muito pequenas.

15 In: Ruy Fausto, *Outro dia: Intervenções, entrevistas, outros tempos*. São Paulo: Perspectiva, 2009, p. 45.

16 *Lua Nova. Revista de Cultura e Política*, São Paulo, Cedec, n. 65, pp. 203-28, 2005.

17 In: Ruy Fausto, *Outro dia...*, op. cit., p. 69-70, grifos de 2016.

18 A respeito das relações entre quase populismo e neototalitarismo, e em conexão com a minha resposta aos críticos, que quero desenvolver um pouco mais, cabe-me fazer as seguintes considerações. No arrazoado dos autores que fizeram carga contra mim a propósito de minhas observações sobre Chauí, tem um papel de destaque o argumento de que ela está acima de certas críticas, já que é grande leitora de Claude Lefort ou

das *Aventuras da dialética* de Merleau-Ponty. Os meus críticos nunca se perguntaram, entretanto, pela congruência entre o discurso de Marilena e, para simplificar, a herança de Lefort. É impossível dar de barato que essa congruência existe sem se debruçar mais seriamente sobre a questão. A propósito, cabe-me evocar um episódio recente. Ocorreu há dois anos um congresso sobre Claude Lefort promovido por colegas da USP próximos a Marilena e do qual ela participou, assim como eu, muita gente da universidade e convidados estrangeiros. O congresso foi muito interessante, com vários debates. No final desse colóquio, Marilena Chauí toma a palavra e faz um discurso em que fala da situação no Brasil. Estávamos, se me lembro bem, no início da campanha que iria culminar no· impeachment. Marilena ataca a direita, deve ter falado dos planos golpistas, mas a respeito do balanço da esquerda e do PT não diz nem uma palavra crítica. Eu fiquei embasbacado. Após duas jornadas de discussão do pensamento de Lefort, alguém faz uma intervenção sobre a situação brasileira, situação em que figurava em primeiro plano um partido de esquerda em pleno processo de degenerescência, e não diz uma única palavra de crítica em relação às práticas desse partido. Ouvindo o que dizia Marilena (ou atentando ao que não dizia), quase pulei da cadeira (tenho testemunha do episódio). Enquanto fala "oficial" de conclusão do evento, aquele pronunciamento nos engajava a todos, mas era impossível assumi-lo; eu, pelo menos, resistia a essa ideia. Pensei: que opinião tinha Lefort, e também Castoriadis, sobre governos corruptos de esquerda? Não tive dúvidas quanto à resposta. Alguma coisa estava errada ali. Tentei tomar a palavra. Para minha frustração, me disseram que a sessão se encerrava e que ninguém mais falaria. Esse foi *um dos quatro ou cinco eventos recentes* que me levaram à convicção de que, para além das unanimidades confortáveis (e também de amizades de quase cinquenta anos), era preciso que alguém de esquerda tivesse finalmente a coragem de dizer alguma coisa sobre o "estilo" político (no sentido mais forte) de Chauí e seus efeitos sobre o conjunto das lutas da esquerda; e também sobre o que há de ambíguo na relação que ela pretende ter com o pensamento crítico de gente como Lefort. Não confundo quase populismos com totalitarismo. São duas coisas muito diferentes. O que disse e reafirmo é que, ao silenciar sobre o pior de certos partidos, e, por outro lado, acolher uma retórica anti-imperialista descabelada, certos discursos quase populistas se aproximam sim (*malgré eux*) da fala totalitária. Era importante destacar esse ponto no momento em que certo tipo de defesa do Partido dos Trabalhadores se revela incompatível e contraditório com os interesses gerais da esquerda. Talvez pudesse resumir o meu argumento observando que a recusa do totalitarismo não pode servir de álibi para justificar políticas quase populistas. Um acerto não justifica um erro. Quanto à questão da "retórica", outro tema que foi objeto de réplica, observo que o empreguei para evitar um termo um pouco *mais forte*, que preferi e prefiro não utilizar. Enfim, sobre o grau de *nuisance* daquelas falas, não subestimemos o peso negativo de certos discursos de esquerda, sua responsabilidade, mesmo se parcial, pelas nossas derrotas. É uma mania perigosa (de intelectuais!) essa de pensar que discursos políticos proferidos por intelectuais universitários não têm grande importância. Afinal, quem se calou diante do mensalão não teria nenhuma responsabilidade pelo curso posterior dos acontecimentos? Seria uma ideia um pouco mecânica do processo histórico, para falar à maneira de antigamente.

19 Completando a polêmica: numa passagem do editorial do número em que publicou a matéria de "desagravo" dos seis colegas universitários, a mencionada revista de "cultura" faz a apresentação do texto. Não resisto à tentação de reproduzir esta passagem, que é deliciosa, como documento do atraso nacional: "A [revista n] publica ainda um artigo assinado por seis docentes que respondem, uma a uma, às acusações feitas pelo professor Ruy Fausto à esquerda brasileira e, especialmente, à filósofa Marilena Chauí, uma das mais importantes pensadoras do país [...]. Marilena Chauí tem uma trajetória que deveríamos todos respeitar. E pela qual deveríamos, inclusive, agradecer-lhe. Em tempos conturbados como esses, acreditamos ser preciso preservar a memória cultural

e intelectual do país". (Fim da citação, segue o meu comentário). Vê-se assim que não cabe ao *professor* Ruy Fausto, que no mais "faz acusações à esquerda brasileira", "acusar" a *pensadora* Marilena Chauí, mas sim *respeitá-la e agradecer-lhe* pela sua extraordinária contribuição à cultura do país, sem o que, e a fortiori em tempos conturbados, se atentaria contra a nossa "*memória cultural e intelectual*". Uma crítica política veemente, decerto, mas, creio, não menos e não mais do que isso — o leitor que o julgue — é transfigurada em crime de lesa-Marilena Chauí, e em estocada — com risco agravado em tempos tão difíceis — na memória cultural da nação... Os seis signatários do artigo não são, sem dúvida, responsáveis por essa prosa grotescamente edificante. Foram eles, no entanto, que escolheram, como suporte, aquela publicação. A peça hagiográfica, de indiscutível virtuosidade subliterária, é, em todo caso, um bom exemplo dos efeitos da atmosfera irrespirável gerada pelo culto dos gurus, culto endêmico na universidade, e que se extravasa para bem longe dela. Isso posto — na linha da recusa de todo culto da personalidade, já que a execração é também um culto (com sinais trocados), mas não só por esse motivo —, aproveito o ensejo para manifestar o meu repúdio a certa campanha movida por jovens e menos jovens de direita contra Marilena Chauí, espécie de linchamento midiático, no pior estilo da Revolução Cultural chinesa.

20 A acrescentar que, na época contemporânea, os inimigos da "democracia representativa" são, em alguns casos, inimigos da democracia. É, por exemplo, o que se revela quando confrontamos o discurso leninista sobre a democracia representativa e a prática que lhe corresponde.

21 Dada a sua importância, a ecologia deveria vir no início e não no final. Mas, nas condições brasileiras, nas quais, por um lado, os problemas sociais — a desigualdade, a miséria, a carência dos serviços públicos — são muito agudos e, por outro, há resistência em reconhecer a relevância das questões ambientais, talvez essa ordem se justifique. A respeito da questão ecológica, ver a importante síntese de Luiz Marques, *Capitalismo e colapso ambiental* (Campinas: Editora da Unicamp, 2015).

22 Um ex-almirante, campeão dessa energia pretensamente "limpa", foi condenado a uma pesada pena de prisão.

23 Ao leitor particularmente alérgico a certa tecnicidade filosófica, recomendo omitir as notas 3 e 4 do capítulo 2.

2. A DIREITA NO ATAQUE (pp. 46-60)

1 São Paulo: Paz e Terra, 1978.

2 Sobre isso tudo, ver Olavo de Carvalho, *O império mundial da burla: Cartas de um terráqueo ao planeta Brasil* (Campinas: Vide, 2016, v. 5, *passim*).

3 Olavo de Carvalho pretende certamente praticar uma história da filosofia mais criativa. Muito bem. Só que isso tem de ser feito obedecendo a certas exigências de rigor, e com equilíbrio de julgamento. Ora, parece que não é exatamente o que encontramos nos textos de Carvalho. Por exemplo, depois de estabelecer uma relação entre Marx e Epicuro na base da atitude que ambos teriam em relação à prática — na realidade, a coisa é muito mais complicada; se há "praticismo" no Marx da maturidade (o que por si só já é discutível), isso se combina com um *movimento inverso*, o de um teoricismo quase especulativo que vem do idealismo alemão, e cuja analogia com a teoria (e com o estatuto da teoria) em Epicuro é mais do que duvidosa —, Olavo de Carvalho não hesita em pôr nas costas do epicurismo (e, portanto, indiretamente também de Epicuro) a responsabilidade pela justificação das atrocidades do regime comunista que forneceriam as esquerdas contemporâneas. "A capacidade das esquerdas mundiais para justificar em nome de uma utopia humanitária as piores atrocidades do regime comunista — e exterminado o comunismo na URSS, para continuar a pregar com a maior inocência os ideais socialistas como se não houvesse nenhuma relação intrínseca entre eles e o que aconteceu no inferno soviético — é uma herança mórbida que, através de Marx, veio do epicurismo" (Olavo de Carvalho, *O jardim das aflições: De Epicuro à ressurreição de César — En-*

saio sobre o materialismo e a religião civil, prefácio de Bruno Tolentino. Rio de Janeiro: É Realizações, 3. ed., 2015, p. 138). Pobre Epicuro! Não basta o que disseram dele os obscurantistas (apesar das afirmações em contrário de Olavo de Carvalho). Agora se descobre que, ainda por cima, é dele que vem, em última instância, o discurso de justificação do gulag. Quanto a Marx, dizer que a perspectiva dele representa "um esforço de reprimir a inteligência teorética" (id., p. 366; cf. 138-9, 153, 326) é uma afirmação curiosa visando um sujeito que se dispôs a ler *a totalidade da literatura econômica até a sua época*, e que era, na realidade, um verdadeiro fanático da teoria, mesmo quando se tratava de teorizar objetos cuja relação com a práxis era mais do que mediata (ler um pouco o *Capital* e os *Grundrisse* para ter uma ideia disso). O que Olavo de Carvalho diz de Hegel não é melhor. Sem que a sua leitura de Hegel seja pura e simplesmente a leitura vulgar, ela é — apesar das aparências — muito superficial. Tese, antítese, síntese (ver *O jardim das aflições...*, op. cit., p. 301), banalidade *errada*. O que ele nos oferece é, no fundo, um Hegel de manual, pelo menos quanto à *Lógica*. O autor não entende nada da *Lógica* de Hegel, nem da dialética hegeliana (tampouco da relação Marx/Hegel: a famigerada "inversão" da dialética [ver ib.], mesmo se está num *prefácio* de Marx, não permite pensar nada dessa relação). É verdade que há muitos outros que também não entendem dessas coisas, mas pelo menos não ficam arrotando sabedoria.

4 Não sou admirador da filosofia universitária, conheço os seus defeitos e costumo criticá-la. Entretanto, me parece que um pouco mais de simpatia pelo estilo universitário teria sido útil a Olavo de Carvalho. As exigências de rigor da (boa) filosofia universitária evitariam talvez que ele projetasse sobre as próprias doutrinas filosóficas os seus exercícios, muito discutíveis aliás, de desconstrução (um exemplo de resultado a que ele chega: "Epicuro [...], teórico da necrofilia", id., p. 130, cf. pp. 92 e 76), confundindo — o que é grave para quem reivindica a herança aristotélica — o que, na melhor das hipóteses, é virtual (potencial) com o que é efetivo. Aliás, a esse respeito, conviria, em minha opinião, que ele refletisse sobre a diferença entre *pressuposto* e *posto* na

lógica hegeliana — na realidade, uma transposição da distinção aristotélica entre potência e ato —, o que lhe traria mais rigor no manejo da história da filosofia e lhe permitiria tratar de maneira mais exata e mais fina a apresentação hegeliana da sociedade e da história. E, já que falo da *Lógica*, o comentário que faz Carvalho (id., p. 228) sobre a conexão sugerida por Hegel entre *Wesen* (essência) e *ist gewesen* (perfeito do verbo ser) é equivocado. De um modo geral, a filosofia universitária talvez lhe valesse pelo princípio que ela professa, exageradamente é verdade, mas que em si mesmo é válido: não se pode falar sobre tudo. Embora Olavo de Carvalho diga em algum lugar que não se deve opinar sobre tudo, não sei se ele é fiel a essa exigência. No mais, não nego que ele revela ter lido muito (mas não sei se bem) nem que, de vez em quando, estudando os seus textos, topamos com algum desenvolvimento interessante (ver por exemplo o que ele diz sobre os diferentes ateísmos, id., p. 175, nota 97). Para não alongar demais esta nota, omito o que eu teria a dizer (nada de muito bonito) sobre a sua filosofia da história.

5 Ver o meu livro *Outro dia...*, op. cit., pp. 152 e ss.

6 Olavo de Carvalho, *O mínimo que você precisa saber para não ser um idiota*. Rio de Janeiro: Record, 2013, p. 149.

7 Filósofo e sociólogo francês (1905-83), colega e adversário de Sartre.

8 Nascido em 1903 e falecido em 1987, filósofo político francês conservador.

9 Nascido em 1949, ensaísta e filósofo francês, figura de destaque da direita atual.

10 Reinaldo Azevedo, *Contra o consenso: Ensaios e resenhas*. São Paulo: Barracuda, 2007, p. 192.

11 Ibid.

12 Edmund Burke (1729-97), filósofo e homem público britânico nascido na Irlanda, autor das *Reflexões sobre a Revolução na França* (1790).

13 *O Estado de S. Paulo* de 3 de outubro de 2016.

14 Para que não se diga que idealizo as convicções éticas de todos aqueles que se situam à esquerda, aí vão algumas observações sobre

como eu vejo a relação entre posições políticas e posições éticas. Essa relação é, a meu ver, complexa. Acho que seria desta ordem: para os indivíduos que se situam na direita republicana, na centro-direita, na centro-esquerda, na esquerda e na extrema esquerda, a posição política não permite dizer nada de seguro sobre o que valem do ponto de vista ético. Há gente boa, gente má, gente média em todas essas posições. Mas, quanto ao pessoal da extrema direita — desculpem os que se sentirem incomodados com isso —, pelo menos a partir da minha experiência, constato que há sempre certo grau de "mau-caratismo" neles. Mesmo se este coexiste, em alguns casos, com algum tipo de culpabilização ou outro sentimento atenuante.

3. CRISE DAS PATOLOGIAS E CRISE DA ESQUERDA [pp. 61-79]

1 Gerhard Schröder, primeiro-ministro alemão entre 1998 e 2005, social-democrata, pôs em prática um programa econômico de cunho neoliberal.

2 Walter Ulbricht, dirigente comunista alemão, secretário-geral do Partido Comunista de 1950 a 1971.

3 Wojciech Jaruzelski, último chefe de Estado comunista da Polônia.

4 O curso recente da política internacional de Trump atenua a verdade deste juízo (de resto, eu já havia advertido o leitor dessa possibilidade, ver supra). É impossível prever de forma suficiente os caminhos incertos que trilhará daqui por diante, tanto no plano internacional como no plano mais geral, esse personagem instável que é Trump.

5 Menciono alguns autores: o francês Edgar Morin (de outra geração, mas que continua ativo), o alemão Axel Honneth, os franceses Jacques Rancière, Christian Laval e Pierre Dardot, os *"economistes atterrés"* (grupo de economistas críticos franceses), o economista Thomas Piketty, entre outros.

6 Sociólogo anglo-argentino falecido em 2014, que escreveu sobre o populismo.

7 No que se refere à "Carta ao povo brasileiro", deixo claro que, a meu ver, uma explicação honesta sobre acertos inevitáveis da futura política econômica do governo não era, em si mesma, condenável.

8 Se o mensalão revelou as práticas escusas de altos responsáveis do PT, ele começou a lançar luz, de forma mais geral, sobre a corrupção do sistema. Contratos duvidosos de executivos do PSDB no plano estadual ou municipal, procedimentos notoriamente suspeitos para obter um quadro legal que permitisse a reeleição de Fernando Henrique Cardoso à presidência em 1998 etc.

9 Ver Marcos Nobre, *Imobilismo em movimento: Da redemocratização ao governo Dilma*. São Paulo: Companhia das Letras, 2013.

10 É difícil julgar a Lava-Jato por causa das várias facetas que ela revela. Sem ela, os processos de corrupção dormiriam nas gavetas dos tribunais. Ao mesmo tempo, há não só instrumentalização dos processos por parte da direita, mas também uma *hybris* interna que pode levar até não se sabe onde. Prisões preventivas sucessivas, nem sempre justificáveis, vão ocorrendo. Por outro lado, grupos fascistas utilizam a Lava-Jato para pregar uma ditadura militar. Há que acompanhar com cuidado o desenvolvimento de cada operação e tentar emitir, em cada caso e momento, um juízo acertado.

4. RECONSTRUIR A ESQUERDA: PROJETOS E PROGRAMAS (pp. 80-93)

1 Antonio Gramsci (1891-1937), dirigente do Partido Comunista italiano e teórico, passou os últimos onze anos de sua vida numa prisão mussoliniana.

2 Em vez de se debruçar tanto sobre Gramsci, melhor seria que se lesse bem a obra de Cornelius Castoriadis, ou que se estudasse a história

das revoluções do século xx tal como ela é narrada pelos historiadores críticos (Orlando Figes, Nicolas Werth, Marc Ferro e vários outros).

5. RECONSTRUIR A ESQUERDA: RAZÕES E FUNDAMENTOS (pp. 94-116)

1 Ver Dominique Plihon, *Le Nouveau Capitalisme*. Paris : La Découverte, 2009 (2003), pp. 6 e ss.

2 Ibid., p. 6.

3 Ver Jonathan D. Ostry, Prakash Loungani e Davide Furceri, "New Liberalism: Oversold?" [Neoliberalismo: superestimado?]. *Finance & Development*, revista do FMI, v. 53, n. 2, jun. 2016. Disponível em: <http://www.imf.org/external/pubs/ft/fandd/2016/06/ostry.htm>. Acesso em: 30 mar. 2017.

4 Ver a respeito Robert N. Proctor, *Golden Holocaust: La Conspiration des industriels du tabac*. Trad. francesa de Hel Guedj. França: Éditions des Équateurs, 2014.

5 Para Marx, é inerente ao capitalismo uma inversão da circulação simples (mercadoria-dinheiro-mercadoria) em produção/circulação capitalista (dinheiro-mercadoria-dinheiro aumentado). Essa inversão se apresenta, na sua realidade mais profunda, como aquilo que Marx denomina *interversão da apropriação da riqueza através do trabalho* (apropriação esta que só existe na superfície ou na aparência do sistema) *em apropriação da riqueza sem trabalho* (apropriação que define a essência do sistema). Haveria, assim, duas *leis de apropriação*: o modo de produção capitalista negaria — sem anular inteiramente — a primeira em benefício da segunda.

6 Ver principalmente o segundo volume do meu livro *Marx: Lógica e política. Investigações para uma reconstituição do sentido da dialética*. São Paulo: Brasiliense, 1987.

7 Como tenta fazer, por exemplo, o primeiro dos intelectuais da direi-

ta brasileira, que critiquei mais acima (Olavo de Carvalho). Utilizando um velho livro e uma teoria abstrusa, ele tenta jogar nas costas da esquerda a responsabilidade pelo desencadeamento do conflito: "o estatismo ou socialismo" das potências centrais, desencadeado contra o "antiestatismo" e o "livre mercado" das potências ocidentais, teria sido o grande culpado. Enfim, o socialista Guilherme ii teria sido o grande responsável pela guerra de 1914...

8 Esse fato é reconhecido mesmo por Hannah Arendt, cuja obra, notável, tem, entretanto, a insuficiência de diluir a história do primeiro numa história geral que privilegia o segundo.

9 Eis aí três coisas que às vezes se confundem, mas é bom distinguir: luta, violência e terror. Um grande socialista-revolucionário russo não bolchevique, Isaac Steinberg, escreveu, de forma aforística: luta, sempre; violência, às vezes — ele pensava, sem dúvida, na violência como *contra-violência* justificada —; terror, nunca.

10 A esquerda tem uma longa história no plano das ideias. Mas é muito delicado distinguir esquerda e direita na história das ideias. Uma divisão como essa cheira a dogmatismo. Além do quê, em muitos casos, não sabemos bem onde se situa tal ou tal pensador. Porém, existe uma espécie de tradição crítico-emancipatória cujos representantes valeria a pena lembrar, mesmo porque vários deles são muito pouco conhecidos. O pensamento crítico-emancipatório é o de *dissidentes*, ainda que, já no século xviii, tenha havido grandes figuras dessa linhagem que se impuseram à opinião pública. De fato, há um classicismo da crítica emancipadora que vem do século xviii (Rousseau e, também, Diderot). Antes deles, é preciso fazer uma referência aos revolucionários ingleses do século xvii, escritores e ativistas (G. Winstanley, com os *diggers*, era o mais radical); depois deles, citam-se, em geral, Saint-Simon, Robert Owen e Charles Fourier, três figuras de estilo intelectual e político muito distinto. Há que mencionar também William Godwin (1756-1836), autor de *An Inquiry Concerning Political Justice* (1793), de tendência anarquizante. No xix, não se tem apenas Marx — o primeiro grande pensador crítico-emancipador desde Rousseau e Diderot —, mas tam-

bém Pierre-Joseph Proudhon (1809-65) e toda uma série de autores de uma literatura econômica ou política dita "pequeno-burguesa". Incluem-se aí economistas neosmithianos ou neorricardianos, como Thomas Hodgskin (1787-1869), autor de *Labour Defended Against the Claims of Capital*, 1825; o anglo-americano John Francis Bray, autor de *Labour's Wrongs and Labour's Remedy*, 1839; William Thompson, John Gray e Piercy Ravenstone; e, fora desse último grupo, J. C. L. Simonde de Sismondi (1773-1842), economista suíço, autor de *Nouveaux Principes d'économie politique*, 1819. Contemporâneo dos economistas críticos e de Proudhon, inclui-se também o pensador e homem político francês Pierre Leroux (1797-1871). Além de Georg Lukács e Walter Benjamin (deixo de lado gente como Sartre e Merleau-Ponty, cuja obra tem muitas dimensões), as grandes figuras do pensamento de esquerda no século XX são, a meu ver, Cornelius Castoriadis (1922-97), filósofo, economista e psicanalista greco-francês; Claude Lefort (1924-2010), sociólogo e filósofo político francês, companheiro de Castoriadis na direção do movimento e da revista *Socialisme ou Barbarie*; e Theodor Adorno (1903-69), o maior pensador da chamada "Escola de Frankfurt". Há ainda outras figuras importantes, como o austríaco-francês André Gorz (1923-2007), sartriano e ecologista.

[11] A mencionar, sob esse aspecto, também o chanceler da Prússia, Otto von Bismarck, que implementou um programa de seguridade social no final do século XIX. Se Bismarck tomou esse tipo de iniciativa, ele foi ao mesmo tempo o homem que relegou o Partido Social-Democrata alemão à ilegalidade.

CONCLUSÃO: VOLTANDO AO TEMPO HISTÓRICO BRASILEIRO [pp. 117-9]

1 Pouco falei até aqui do PDT e da Rede, de Marina Silva. O PDT é um partido de origem populista, mas é difícil prever que papel ele poderá ter no futuro — talvez positivo — no quadro do enfraquecimento do

PT. Quanto a Marina Silva — com a Rede —, ela tem uma história respeitável indene a algumas das patologias da esquerda. O seu ponto mais forte é a preocupação ecológica, o que precisamente falta a Ciro Gomes, principal figura do PDT. Mas o projeto econômico de Marina Silva é bastante neoliberal — prevê até mesmo a "independência" do Banco Central —, além de ela sustentar posições conservadoras em questões "de sociedade", por exemplo o aborto.

APÊNDICE I: RESPOSTA A UM ECONOMISTA LIBERAL E A ALGUNS OUTROS CRÍTICOS [pp. 120-54]

1 Uma versão resumida da minha resposta ao economista Samuel Pessôa — versão que não incluía, entre outras coisas, a resposta aos outros críticos e parte dos desenvolvimentos mais gerais — saiu no número 125 da revista *piauí*, de fevereiro de 2017.

2 Ver Alberto Aggio, "O debate à esquerda", *O Estado de S. Paulo*, 29 nov. 2016. O autor não menciona meu nome, mas visa notoriamente o meu escrito.

3 Para uma crítica teórica da chamada economia "neoclássica" que está na base da posição de Pessôa, ver Steve Keen, *Debunking Economics: The Naked Emperor Dethroned?* (ed. rev. e aum. Londres; Nova York: Zed Books, 2011). E também, entre outros, Jacques Généreux, *La Déconomie* (Paris: Éditions du Seuil, 2016, p. 384); do mesmo autor, o segundo volume de *Économie politique*, *Microéconomie* (8. ed. Paris: Hachette, 2016); e — sem subscrever as teses políticas que esse autor assumiu nos últimos tempos — Jacques Sapir, *Les Trous noirs de la science économique: Essai sur l'impossibilité de penser le temps et l'argent* (Paris: Seuil, 2003 [2000]).

4 "É hora de rediscutir programas e ideias na esquerda brasileira." Ilustríssima, suplemento da *Folha de S.Paulo*, 13 nov. 2016.

5 J. M. Keynes, *The End of Laissez-Faire* (1926). Londres: Hogarth

Press, 1936, p. 39. Tradução francesa, *La Fin du laissez-faire* (1926), in: *Sur la Monnaie et l'économie*. Paris: Petite Bibliothèque Payot, 2009 (1971), p. 149; citado por Lucien Orio e Jean-José Quiles em *L'Économie keynésienne: Un projet radical*. Paris: Nathan, 1993, p. 172. Grifado pelo autor, tradução minha.

6 O PPS reúne um número importante de antigos militantes do PCB, que foram parar na centro-direita. Alguns deles continuam sendo gramscianos. Gramscianos com Temer! Antonio Gramsci deve estar dando voltas na cova. Sobre o PSDB, em especial sobre FHC e os cardosistas, ver mais adiante. Mas desde já preciso, como de resto escrevi no corpo do livro, que se trata de um grupo que passa da centro-esquerda à centro-direita, e que enquanto tal (como também é o caso dos dirigentes do PPS) já não pertence propriamente à esquerda.

7 Remeto o leitor ao artigo de Fernando Rugitsky, publicado no blog da revista eletrônica *Fevereiro*, "Para entender a PEC do teto dos gastos", disponível em: <revistafevereiroblog.wordpress.com/2016/11/04/para-entender-a-pec-do-teto-dos-gastos/>. Acesso em: 30 mar. 2017.

8 Ver Sérgio Wulff Gobetti e Rodrigo Octávio Orair, em "Progressividade tributária: A agência negligenciada", Rio de Janeiro: Ipea, 2016.

9 Ver Bruna Basini, "Les Fraudeurs sortent du bois". *Journal du Dimanche*, Paris, 25 dez. 2016.

10 Ver a respeito o livro de Gabriel Zucman, *La Richesse cachée des nations: Enquête sur les paradis fiscaux*. Paris: Seuil, 2013.

APÊNDICE II: SEGUNDA RESPOSTA AO ECONOMISTA LIBERAL [pp. 155-84]

1 Ver a respeito Christian Arnsperger e Yanis Varoufakis, "What is Neoclassical Economics?: The Three Axioms Responsible for its Theoretical Oeuvre, Practical Irrelevance, and, thus, Discursive Power", *Panoeconomics*, v. 53, n. 1, pp. 5-18, 2006. Disponível em: http://www.

panoeconomicus.rs/casopis/prvibroj/what%20is%20neoclassical%20 economics.pdf. Acesso em: 11 abr. 2017. Os dois autores se preocupam com a habilidosa resiliência da teoria neoclássica diante dos seus críticos: "Enquanto as flechas (*slings and arrows*) da crítica se dirigirem contra traços da economia neoclássica dos quais esta pode se desfazer (*shed*) estrategicamente, ao modo pelo qual um lagarto ameaçado 'perde' a sua cauda, elas errarão o seu alvo. Entretanto, acreditamos que há pelo menos três traços da economia neoclássica de que ela não pode se desfazer assim; e, portanto, se os críticos se concentrarem neles, eles poderão pelo menos forçar os neoclássicos a se lançar num diálogo fecundo". Os axiomas que, segundo Arnsperger e Varoufakis, permitiriam dar uma definição abrangente da economia neoclássica (e, assim, agarrar o lagarto...) seriam o individualismo metodológico, o instrumentalismo metodológico e o equilíbrio metodológico. Não posso discutir aqui em detalhe esse muito interessante artigo. Os dois autores indicam, de resto, outros trabalhos, seus ou de outros autores, que vão na mesma direção. Os meus argumentos convergem bastante com os deles. A observar, entretanto, que discuto aqui dois artigos de um economista, enquanto que o objeto deles é o conjunto da economia neoclássica.

2 Devo observar entretanto que esse questionamento da fundamentação microeconômica (que subscrevo aqui) é *uma* das linhas da crítica heterodoxa. Há uma outra direção que consiste não em contestar a possibilidade dessa fundamentação, mas em propor um *outro modelo* de microeconomia. É, por exemplo, a proposta de Jacques Sapir em *Les Trous noirs de la science économique*, op. cit.

3 Ver Steven Keen, *Debunking Economics*, op. cit, p. 75.

4 Apesar do ar de "má" dialética, não se trata disso. Ninguém está se valendo de alguma suposta "lei" dialética da mudança de quantidade para qualidade. Considero sim um objeto substantivo, e é do exame dele através da leitura do autor em questão — e não por meio de algum "instrumento" dialético (não existem, de resto, instrumentos dialéticos) — que faço essas observações.

5 No livro de Keen, o problema aparece sob a forma da necessidade de recorrer a sistemas de equações diferenciais em substituição a sistemas de equações algébricas comuns, o que não quer dizer, seguramente, que ele sugere que os neoclássicos desconhecem aqueles sistemas de equações ou que nunca os tenham utilizado. Creio que o autor supõe que, nesse ponto preciso, o das curvas de oferta e de demanda, os neoclássicos subutilizam ou sub-reptam os sistemas de equações diferenciais, o que tem consequências sérias para a teoria. Ver Steve Keen, op. cit., pp. 407-11. De resto, há na realidade dois problemas, um dos quais é o da alternativa sistema de equações diferenciais/ sistema de equações algébricas comuns; e o outro, o da alternativa equações lineares/equações não lineares (ver o quadro da p. 409, op. cit.). Por outro lado, toda essa discussão é desenvolvida por Keen em conexão com o tema dos limites da matemática (atenção: dos limites definidos pela própria matemática, à maneira do teorema de Gödel). Keen sugere que os economistas não incorporaram suficientemente as lições desses resultados. Seu livro é muito mal conhecido no Brasil. Submeti essa passagem sobre a obra de Keen a meus amigos, economistas e não economistas, e a reação foi variável. Alguns se mostraram muito interessados, outros tiveram uma reação mais reservada. Para esses últimos, a argumentação do autor pareceu "estranha", na medida em que — observam — o mainstream utiliza amplamente equações diferenciais. Acrescentaram, entretanto, que essa argumentação "bate" melhor se considerarmos a literatura ortodoxa de ordem *didática*. Nesta, ter-se-iam de fato aquelas simplificações. Sem dúvida, o livro de Keen é muito voltado para esse último aspecto, o do ensino da economia. Mas creio que, nos passos a que me refiro, o objeto de sua crítica ultrapassa o âmbito dos livros didáticos. De qualquer forma, vai aí o meu protocolo de leitura. O que me impressionou em seu livro foi também o fato de que o autor não fornece apenas uma crítica da ortodoxia neoclássica, mas que ele critica igualmente a economia marxiana. Suas observações a esse respeito, embora contenham algumas imprecisões, são muito pertinentes e fecundas.

6 Paris: Flammarion, 2016.

7 Em *The Road to a Free Economy* (1990). Ver Alec Nove, *The Economics of Feasible Socialism*, Revisted. 2. ed. Londres: Harper Collins Academic, 1991, p. 132.

8 Quando se denuncia a "privataria", frequentemente quem, na esquerda, tem exigências estritas de rigor e de honestidade intelectual se sente, é verdade, um pouco incomodado. Mas a razão desse sentimento não está no fato de que as grandes privatizações não seriam um desastre, mas no de que o "lado de cá" também "privatizava", a seu modo, em benefício dos burocratas e dos políticos ladrões. Porém um erro não justifica o outro, e já sabemos que a boa política da esquerda é a que luta *em mais de uma frente*, sem obedecer ao princípio do terceiro excluído.

9 Ver Jacques Sapir, *Les Trous noirs de la science économique*, op. cit.

10 A saber: axioma 1: quem deve tem de pagar; axioma 2: quem empresta pode estabelecer condições; axioma 3: quem não pode pagar que saia do jogo; etc. etc.

11 Piketty assinala também, com razão, o que houve de vontade de humilhar um pequeno país recalcitrante. Este abrira um precedente perigoso e, por isso, tinha de ser punido.

12 Ver sobre esses dois problemas, Laura Carvalho, "Exigir 25 anos de contribuição criará milhões de Daniel Blakes". *Folha de S.Paulo*, 30 mar. 2017. Para uma crítica global da reforma da Previdência, ver o importante artigo de Marcelo Medeiros, professor da Universidade de Brasília, "Mudar a Previdência exige cuidado social", publicado no suplemento Ilustríssima, da *Folha de S.Paulo*, 9 abr. 2017. Para obter os dados relativos às propostas da reforma e a situação atual, ver <folha.com/previdencia2017>.

13 Joseph Stiglitz observa que uma das maiores realizações da sociedade americana (estadunidense), as suas grandes universidades – elas estão entre as melhores do mundo –, não funciona segundo princípios capitalistas. Mesmo se os estudos são pagos, trata-se de fundações ou de instituições públicas. Os grandes resultados das universidades americanas

não vêm, assim, contra o que sugerem as aparências, dos milagres da "mão invisível". Não é o valor de troca, nem a busca de lucro, nem a acumulação o objetivo daquelas instituições (mesmo se tudo isso pode funcionar como meio). O objetivo delas é outro, da ordem do valor de uso: em princípio, pelo menos, é a excelência do ensino e da pesquisa.

14 Nesse ponto, eu havia escrito em continuação a "são mais ou menos identificados", com intuito exemplificativo: "Digamos: Bill Gates, um grande industrial, o proprietário de um hotel médio, o dono de um bazar modesto ou da pequena cervejaria com três empregados e em que o patrão também trabalha, o barbeiro com uma só cadeira e o vendedor de paçoca na porta da PUC". Risquei a passagem, por medo de ter exagerado. Mas a restabeleço nesta nota, depois da leitura do seguinte parágrafo do livro de Alec Nove, *The Economics of Feasible Socialism, Revisited*: "O pequeno número de gigantes e o poder de que eles dispõem levaram à reconsideração de uma teoria econômica baseada no número infinito de unidades em competição, uma teoria da 'firma' que, nos seus piores momentos (nas palavras de [Martin] Schubik), não vê diferença entre a General Motors e a sorveteria da esquina", (op. cit., p. 2, cf. id., p. 194).

15 Para a diferença entre economia de mercado e capitalismo, no que se refere não aos dias de hoje, mas ao início da época moderna, a referência principal é evidentemente Fernand Braudel. Essa diferença é mesmo um dos pilares da obra do grande historiador francês. Mas os termos da discussão de Braudel são um pouco diferentes dos que estão presentes neste texto. A distinção braudeliana entre economia de mercado e capitalismo não corresponde exatamente à que faço aqui, pelo menos no sentido de que dou ênfase não só aos "momentos" não capitalistas dentro do sistema (até aí, serve), mas também de que remeto ao projeto de uma economia de mercado com hegemonia cooperativista. Se esse aspecto for privilegiado, a diferença entre os dois objetos (economia de mercado/capitalismo) tal como estabelece Braudel corresponderia frequentemente, no meu texto, antes à distinção

entre pequeno e grande capital. Porém, como insisto no papel decisivo que tem o grande capital no funcionamento do sistema (e, também, no papel que tem o grande capital na própria definição do capital), há finalmente uma convergência entre a minha modesta leitura e a do grande historiador.

16 Para completar o rol´de lances retóricos do meu interlocutor: a propósito do Chile, suposto trunfo do fmi, Pessôa responde à minha crítica dizendo que eu não teria me ocupado ("não é disso que Fausto se ocupa") da desigualdade econômica chilena, fato que ele reconhece, enquanto eu preferiria ("ele prefere") falar na questão do cobre. No entanto, eu falei sobre a desigualdade ("Ora, no Chile o índice de desigualdade é alto, a desregulamentação dos bancos criou problemas sérios"). Acrescentei que a economia chilena, pelo peso que a produção e a exportação do cobre têm nela, depende muito do mercado mundial, o que é verdade e se confirma, aliás, pelos efeitos negativos que a recente queda do preço daquele mineral teve sobre a economia do país. Pessôa protesta invocando o sucesso do Chile "no manejo da riqueza mineral", sucesso só comparável ao da Noruega. Nesse ponto, eu observaria duas coisas. Primeiro, que seria bom lembrar que o manejo, de fato, relativamente feliz dessa riqueza pelo Chile deve muito à nacionalização das minas, decretada por Allende, nacionalização que, não por acaso, não foi revogada (senão parcialmente) pela ditadura de Pinochet. Em segundo lugar, quanto à comparação com a Noruega, lembro que entre o Chile, país de grande desigualdade (embora de pouca pobreza), e a Noruega, campeã mundial no índice de desenvolvimento humano, existem diferenças importantes que é preciso não esquecer.

17 "Quem matou Daniel Blake?" (*Folha de S.Paulo*, 2 abr. 2017), que comenta o filme bem conhecido de Ken Loach.

18 A propósito da comparação entre o "massacre pelo tabaco" e os genocídios totalitários, alguns dos meus interlocutores, mais ou menos influenciados pela economia liberal, fazem valer o fato de que se trataria de coisas bem diferentes, porque, no primeiro caso, teríamos

um problema de "vendas da indústria" de "marketing", ou quejando, algo muito diferente das práticas do gulag. Claro que os dois casos são diferentes: não confundo sociedades capitalista-democráticas (ou mesmo capitalista-autocráticas) com sociedades totalitárias. Mas isso não impede que se mostre que as duas ordens de massacres, mutatis mutandis, são comparáveis. E que se mostre também que as convergências são *mascaradas* pelas diferenças, e o quanto as pessoas vivendo no interior de uma sociedade capitalista têm dificuldade para perceber as convergências, precisamente porque a ideologia inscrita nesta tem o efeito de *naturalizar, fetichizar*, os objetivos econômicos dominantes, que são *o lucro e a acumulação*. Quando se trata de obter lucro e de acumular, a liquidação em grande escala de vidas humanas aparece como efeito colateral, e a tragédia como resultado inevitável de uma prática "natural".

19 J. Stiglitz, *Freefall*, trad. francesa, *Le Triomphe de la cupidité*, ed. Les Liens qui Libèrent (França), 2010, p. 435.

20 Samuel Pessôa põe sempre em evidência o fato de que alguns países escapam dessa sina. Vou evitar uma argumentação que poderia parecer falaciosa, a de insistir em que economias nas quais a situação do emprego parece melhor mostram tais ou tais inconvenientes (embora sejam evidentes os fenômenos de subemprego e de pobreza nos Estados Unidos e, para o caso da Alemanha, provavelmente exista um jogo de soma nula entre ela e as demais economias da zona do euro). Antes me pergunto se é um bom método supor que, se o fenômeno não se manifestar em um ou em dois casos, isso prova que ele não é inevitável e, portanto, que o sistema não tem culpa. Acho que esse é um argumento falso. Se a generalidade dos países da Europa (mais os Estados Unidos, com o subemprego) é atingida pelo desemprego, isso indica que há alguma coisa que funciona mal no sistema. Claro que os neoliberais têm uma carta na manga: que se "libere" a economia e tudo andará bem. Mas essa crença é muito mais da ordem da fé do que da ordem da ciência. A suposição de que o sistema é em grandes linhas harmônico e de que a "mão invisível" dará remédio aos nossos males é

fruto da ideia de que o mundo do capital é um mundo de racionalidade. A experiência de alguns séculos parece mostrar, antes, o contrário. Também não afirmo que tudo o que é mau veio da direita e que o que é bom veio da esquerda, como o meu interlocutor insinua. É verdade que há uma luta entre forças progressistas (por mais igualdade) e forças conservadoras, e a regra geral é que o progresso social vem em princípio da primeira, não da última. Mas, mesmo pondo entre parênteses, as grandes degenerescências que denunciei e que são o tema fundamental deste livro, a direita pode propor medidas positivas (dei, aqui, exemplos nacionais e internacionais), e a esquerda pode errar. Acho que sobre esses erros já exemplifiquei o suficiente.

21 O destino de Cardoso também interessa, mesmo se Pessôa reconhece que o psdb (e também Cardoso?) não carrega hoje a bandeira da mudança. Foi Cardoso quem caiu numa armadilha, não a esquerda independente. E isso já ocorria, e se reforçava, quando ele estava no governo.

22 Já que me refiro à questão ecológica, cabe uma última observação. Samuel Pessôa escreve, a propósito da minha atitude em relação às questões ambientais: "Até mesmo a esperança de uma sociedade ecologicamente correta parece pertencer naturalmente, para Fausto, ao seu próprio campo ideológico. Recomenda-se cautela. Basta lembrarmos que os países socialistas foram campeões de destruição do meio ambiente". Nesse ponto, "apito": sou eu quem recomenda "cautela" ao meu ilustre interlocutor. Eu nunca afirmei que os atentados ao meio natural foram coisa exclusiva do capitalismo. Sempre afirmei o contrário. O que ocorre é que hoje alguns dos países do campo (ou ex-campo) do "socialismo de caserna" se tornaram ao mesmo tempo grandes economias capitalistas. Assim, os dois vetores se fundiram. Mas o delírio prometeico era pelo menos tão forte — e talvez até mais forte — nas sociedades burocrático-totalitárias do que nas sociedades capitalistas. Esta foi sempre a minha posição (que, evidentemente, é mais do que uma posição, e não é apenas minha). Aqui, Pessôa não se engana apenas. Ele tropeça no que penso e escrevo.

23 Dir-se-á que idealizo os intelectuais, mas há nesse contra-argumento uma confusão: não estou dizendo que o trabalho teórico ou mesmo o combate de ideias pode substituir a política prática enquanto tal. Esta última será sempre insubstituível. Mas os intelectuais — como, de resto, os camponeses e os pobres das cidades, eles também não são todos militantes — terão os seus representantes ativos. Que não se confundam as duas distinções.

1ª EDIÇÃO [2017] 3 reimpressões

ESTA OBRA FOI COMPOSTA PELO GRUPO DE CRIAÇÃO EM MINION E
IMPRESSA PELA GRÁFICA PAYM EM OFSETE SOBRE PAPEL PÓLEN SOFT
DA SUZANO S.A. PARA A EDITORA SCHWARCZ EM OUTUBRO DE 2020

A marca FSC® é a garantia de que a madeira utilizada na fabricação do papel deste livro provém de florestas que foram gerenciadas de maneira ambientalmente correta, socialmente justa e economicamente viável, além de outras fontes de origem controlada.